INHALT

ENTDECKEN SIE SARDINIEN!

Unsere Top 15 führen Sie an die traumhaftesten Orte und zu den spannendsten Sehenswürdigkeiten

Die Highlights sind in der Karte auf dem hinteren Umschlag eingetragen

 Monte Limbara
Steine, Korkeichenhaine, Wolken und Meer so weit das Auge reicht. Vom rund 1400 m hohen Granitmassiv kann man bis nach Korsika sehen (Seite 37)

 Capo Testa
Ein Spaziergang durch die Steinmassen an der Nordspitze Sardiniens ist ein einmaliges Erlebnis (Seite 40)

 Insel Asinara
Der Nationalpark vor der Nordwestspitze Sardiniens ist nur im Rahmen von Führungen zugänglich (Seite 47)

 Spaziergang im Temotal
Wo die Mönche Einsamkeit und Frieden suchten (Seite 48)

 San Pietro di Sorres
Ein Schatzkästlein sardisch-toskanischer Architektur ist die reich geschmückte Pisanerkirche (Seite 55)

 Nationalmuseum
Ein Gang in Cagliari durch die Vorgeschichte Sardiniens (Seite 59)

 Costa Verde
Europas höchste Dünen scheinen sich endlos auszudehnen (Seite 66)

 Sinishalbinsel
Einsame Steppenlandschaft mit Reitern, Schafen und Flamingos (Seite 70)

> DIE BESTEN MARCO POLO HIGHLIGHTS

 su Gorruppu
In Jahrmillionen hat sich der Bach 200 m tief durch die weiße Felsbarriere des Monte Oddeu genagt (Seite 80)

10 Grotta di Ispinigoli
Eine Traumwelt aus Tropfsteinen und Höhlenwänden, in allen Farben leuchtend, wartet nach dem Abstieg in die geheimnsivolle Höhle (Seite 80)

11 Punta La Marmora
Wie eine Landkarte zeigt sich Sardinien von seinem höchsten Berg im Gennargentugebirge. Der vierstündige Aufstieg wird mit einer atemberaubenden Fernsicht belohnt (Seite 84)

 Nuraghenfestung su Nuraxi
Die Zitadelle und 150 steinerne Rundhütten haben drei Jahrtausende überdauert (Seite 85)

13 Fahrt mit der Schmalspurbahn
Ruckelnd zuckelt der Schienenbus durch Hunderte Kurven (Seite 86)

14 Giara di Gesturi
In den lichten Korkeichenwäldern der Hochebene leben Tausende Wildpferde in Freiheit (Seite 86)

15 Murales
Ausdrucksstarke Bildergeschichten von Hirten, Unterdrückung und sardischem Selbstbewusstsein in Orgosolo und San Sperate (Seite 91)

WAS FÜR EINE INSEL!

AUFTAKT

> Sardinien ist eine Welt für sich, ein kleiner Kontinent im Zentrum des Mittelmeers, wo seit Jahrtausenden Menschen aufeinander trafen und an den Küsten ihre Kulturen, ihre Lebensgewohnheiten miteinander verschmolzen. Im Landesinneren blieben die Sarden unter sich und hinterließen eine Kultur der Steine: die Türme und Burgen der Nuraghen, Menhire, Dolmen, die in die Felsen gehauenen Feengrotten. Sie lieben ihre Traditionen und nehmen ihre Gäste mit offenen Armen auf. Über 1800 km Meeresküsten laden zum Segeln, Surfen und Tauchen ein. Und die Wanderungen im Landesinneren sind unvergleichlich.

> Die erste Begegnung mit der Insel findet fast immer im Morgengrauen statt. Nach einer Nacht auf dem Meer werden die Motorengeräusche des Schiffes leiser, es macht spürbar weniger Fahrt. Das Meer wird ruhiger. Die ersten Brisen vom Festland, von den dunklen Bergmassen, Felszungen und Klippen bringen einen warmen Duft von Macchia, von Thymian, Myrte, Rosmarin und vielen anderen aromatischen Kräutern Sardiniens. Dann kommt der Tag. Die Sonne taucht Land und Meer ins mediterrane Licht, anfangs noch mit langen Schatten, das letzte Frösteln der Nacht verfliegt, sie gewinnt Kraft, die Berge bekommen harte Konturen. Sardinien umfasst ein Universum an Steinen in vielen Farben: rot, grün, schwarz, weiß, violett, rosa, silbern und alle nur möglichen Grautöne.

Chi venit da 'e su mare furat – wer über das Meer kommt, ist ein Dieb. Durch die Jahrhunderte sind immer wieder fremde Eroberer gelandet, denn die Steine bergen Reichtümer: Silber, Kupfer, Blei und Gold. Segel am Horizont brachten Angst. Die Sarden zogen sich mehr und mehr in die Berge zurück. Die Küstengebiete, die fruchtbaren Ebenen, die Bergbauregionen gehörten nacheinander den Puniern, Römern, Byzantinern, Pisanern und Genuesen, den Spaniern und schließlich den Italienern vom Festland.

Von Anfang an zog es die Reisenden auch ins Innere der Insel. Dort gibt es heute noch jene Ursprünglichkeit, die anderswo touristisch aufgeputzter Folkloredarbietung gewichen ist. Wenn die Sarden feiern, dann tun sie es zuallererst für sich. Noch leben die Hirten in archaischen Lebensformen, von denen wir nicht einmal mehr in den Erzählungen unserer Großeltern hören, allenfalls im Geschichtsbuch lesen.

Sardiniens Farben wechseln mit den Jahreszeiten. Den langen Sommer über, wenn das Getreide geerntet ist, die Weiden und das Ödland verdorren, ist alles leuchtend gelb, bis auf die schwarzgrünen Flecken von Stein- und Korkeichen und den Macchiabüschen. Im Frühjahr und etwas

> *Die Farben der Insel wechseln mit den Jahreszeiten*

weniger intensiv im Herbst und Winter blüht alles. Die Myrte, charakteristisch für Küstengebiete, ist über und über mit weißen Blütensternen bedeckt; der Erdbeerbaum zeigt gleichzeitig seine weißen Blütenglöckchen und die leuchtend roten Früchte; die aus Westindien eingeschleppten Opuntien, die „indische Feigen" *(fichi d'India)* genannten Kakteen, haben vergängliche gelbe Blüten und gelbrote Stachelfrüchte.

Was bringt der Tourismus der Insel? Die Erschließung der Küsten, die zuvor meist dürftiges Weideland für die weit landeinwärts gelegenen Dörfer und Weiler abgaben, hat bei vielen Sarden das Gefühl hinterlassen, erneut von fremden Eroberern bestohlen worden zu sein. *Costa rubata,* geraubte Küste, wird die Costa Smeralda genannt. Dabei hat, anders als in den meisten Fällen, das Konsortium des schwerreichen Aga Khan damals anständig gezahlt, weit mehr als die Hirten für die felsige Macchia jemals erwartet hatten. Ins Armenhaus Sardiniens, die Gallura, zogen die Superreichen ein. Die Costa wurde zum Motor für den Fremdenverkehr an den übrigen Küsten Sardiniens, wo zuvor nur die Einheimischen in den heißen Sommermonaten bescheidene Ferien gemacht hatten. Hotels und Feriensiedlungen, nicht immer im Einklang mit Natur und Landschaft, schossen überall aus dem Boden. Neue Orte entstanden an der Küste, wo vorher ein paar Fischerhäuser, ein Sarazenenturm oder auch gar nichts stand. Ein im ersten Boom vielerorts missachtetes Gesetz der Regionalregierung, das Bauen außerhalb von Ortschaften unmittelbar am Meer nur ausnahmsweise zulässt und den freien Zugang aller zum Strand garantiert, hat viel gerettet.

Hässliche Betonburgen direkt am Wasser sind die Ausnahme. Während die großen Hotelketten und Reiseveranstalter einen Bogen um Sardinien machten, schon wegen der lange Zeit noch schwierigen Flug- und Fährverbindungen, waren es dann Italiener vom Festland und die Sarden selbst, die investierten. Viele Gastarbeiter, die in Mitteleuropa jahrelang hart für

> **> Ins Armenhaus Sardiniens zogen die Superreichen ein**

dieses Ziel gearbeitet und gespart hatten, kamen zurück auf die Insel. Nach jeder Feriensaison im Ausland wurde dem eigenen Häuschen ein Stockwerk hinzugefügt, die ganze Familie vom Enkel bis zur Großmutter arbeitete mit.

Heiligtum der römisch-punischen Mischkultur: Tempel von Antas

WAS WAR WANN?

Geschichtstabelle

Vorgeschichte und Archäologie zum Anfassen: Nuraghen, *domus de janas* (künstliche Feenfelsgrotten zur Bestattung), Steinsetzungen und Riesengräber *(tombe dei giganti)* liegen in der Weite der Landschaft. Bis auf wenige Ausnahmen ohne Zaun und Wärter, dienen sie nicht selten ganz profan als Stall, Nachtlager oder Schuppen. Die Steine sind groß und schwer, ihr Alter geht bis in die Erdurzeit zurück, als Sardinien schon längst aus dem Meer ragte und der italienische Stiefel noch Meeresgrund war. Das heiße Erdinnere formte Sardinien: den Granit, der tief unter Deckgesteinen erkaltete und kristallisierte, und die Basalte und Trachyte, die von Riesenvulkanen ausgespuckt wurden. Der Mensch als Gestalter kam spät, erst nach dem Ende der Eiszeiten, als zu Beginn der Jungsteinzeit rund ums Mittelmeer die ersten Bauern- und Hirtenkulturen Land bestellten, Tiere hielten und seetüchtige Schiffe bauen konnten.

Daten und Fakten zu Sardinien: Von Cagliari im Süden zur nordafrikanischen Küste ist es nicht weiter als von Olbia im Norden nach Rom. Nach dem nur wenig größeren Sizilien ist Sardinien mit 24090 km^2 die zweitgrößte Insel im Mittelmeer. Mit nur 1,6 Mio. Ew. ist sie wesentlich dünner besiedelt als andere Regionen Italiens. Neben dem Ballungsraum um die Hauptstadt Cagliari, wo fast 30 Prozent der Bevölkerung leben, und der fruchtbaren Campidanoebene zwischen Cagliari und Oristano gibt es auch heute noch fast menschenleere Bergregionen. Die großen Ziegen- und Schafherden bil-

Viehzucht hat Tradition

den jetzt, wie seit der ersten Landnahme, neben dem Tourismus die wirtschaftliche Zukunft, nachdem Bergbau und Landwirtschaft mehr und mehr in die Krise geraten und industrielle Großprojekte („Kathedralen in der Wüste"), wie Chemie und Erdölverarbeitung, gescheitert sind.

Ganz anders als im übrigen Italien hat es in Sardinien nie wirklich bedeutende Städte gegeben. Es war immer eine Insel der Dörfer, unter sich

> **Der kleine Kontinent ist ein Reiseziel für Entdecker**

uneins, in ständige Fehden um Weideland verwickelt. Die Ackerbauern kämpften gegen die Hirten um Wasser. Sie einigten sich nur dann auf ein gemeinsames Ziel, wenn das Land gegen eindringende Fremde verteidigt werden sollte. Aber gegen die Eroberer waren die Sarden jedesmal

Opuntien liefern leckere Früchte

zu schwach, mussten die unliebsame Fremdherrschaften ertragen, freilich ohne sich und ihre Lebensgewohnheiten dabei groß zu verändern.

Weil Straßen und Wege immer mehr verfielen, zudem von Räuberbanden bedroht waren, lebten ganze Landstriche im Landesinneren, wie Barbagia, Goceano und Logudoro, lange ohne jeglichen Kontakt zur Außenwelt. Im 19. Jh. erlebten norditalienische Landvermesser, Beamte und Militärs nicht selten, dass die Menschen in den besuchten Dörfern nichts vom Meer wussten und sich nicht vorstellen konnten, dass sie auf einer Insel leben.

Die erfolgreiche Bekämpfung der Malaria in den letzten Jahrhunderten und der inzwischen zum wichtigsten Wirtschaftsfaktor gewordene Tourismus haben den Sarden das Meer wiedergegeben, dem sie Jahrtausende den Rücken gekehrt hatten. Das saubere Meer und die Strände mit ihrer landschaftlichen Vielfalt, das Landesinnere mit der wilden Natur und der archaischen Hirtenzivilisation, den Nuraghen, Feengrotten und Steinsetzungen haben den kleinen Kontinent zu einem Reiseziel für Entdecker werden lassen. Wer sich heute aufmacht, Sardininen zu erkunden, wird reich belohnt werden.

TREND GUIDE SARDINIEN

Die heißesten Entdeckungen und Hotspots! Unser Szene-Scout zeigt Ihnen, was angesagt ist

Sarah Hoffmann

arbeitet für *BMW* auf Sardinien. Als Event-Managerin ist sie immer auf der Suche nach den angesagtesten Locations und den neuesten Trends der Insel. Mit der Costa Smeralda hat sie einen ihrer Lieblingsplätze auf der Insel für sich entdeckt – nicht nur wegen der weißen Strände und des azurblauen Meeres, sondern auch, weil sich dort die Szene zum Chillen trifft.

NATURE MEETS STYLE

High-End-Design für die Naturinsel

Die neuen Hotels bestechen durch modernes Design und tragen immer mehr zum Glamourfaktor der Insel bei. Designer und Architekten haben mit dem *La Coluccia* ein Hotel geschaffen, das Maßstäbe setzt. Die Merkmale? Wände und Böden sind aus poliertem Zement, Stühle und Liegen aus weißem Leder. Der Clou: Alle 45 Zimmer sind zwar unterschiedlich, aber jedes für sich sehr stylish eingerichtet (*Località Conca Verde, Santa Teresa Gallura, www.lacoluccia.it,* Foto). Das *T Hotel* überzeugt nicht nur als Designtempel aus Glas und Lichteffekten, sondern auch als Event-Location – die angeschlossene *T Bar* ist Cagliaris Place to be (*Via dei Giudicati, www.thotel.it*).

SZENE

▶▶ ADRENALIN PUR

Ran an die Wand

Sardinien ist die In-Destination für Adrenalin-Junkies. Freeclimber kommen an den Steilwänden der Felsküste voll auf ihre Kosten und stellen sich der Gravitation. Vom Goloritzé Needle bis zum Monte Oddeu, von den Klippen von Plummare Cape bis zu den Bergen von Punta Cusidore oder dem Surtana Graben – vertikale Schluchten und massive Berge warten darauf, entdeckt zu werden. Hier geht jeder an sein Limit. Eine Übersicht über die besten Spots bietet *www.sardiniaclimb.com*. Anfänger zieht es an die einfachen Klippen des Monte Tuttavista in Orosei oder nach Cala Luna und Cala Fuili. Erfahrene Guides und tolle Routen bietet der Campingplatz *Porto Sosàlinos* in Orosei Nuoro (km 234,5 der Straße S.S.125, *www.portososalinos.it*).

▶▶ CREATIVE SUSHI

Vergessen sind Pizza und Pasta

Typisch italienisch? In Szene-Kreisen Vergangenheit! Der aktuelle Gastro-Trend heißt Design-Food. Im *So Sushi* kommen Sushi & Co. als puristische Kunstwerke – passend zum Interieur – auf den Teller. Roter Fisch bedeutet somit rote Tischsets. Genauso viel Wert wie auf den Look wird natürlich auch auf die Qualität gelegt *(Piazzetta della Marina, Porto Rotondo, www.sosushi.it)*. Creative Japanese Cuisine gibt's auch im Restaurant *Finger's* in Porto Cervo. Der Meister der Sushi-Rollen, Japano-Brasilianer Roberto Okabe, überrascht seine Gäste jedesmal aufs Neue mit exquisiten Kreationen – yummy! Miteigentümer des angesagten Sushi-Tempels ist übrigens AC-Mailand-Star Clarence Seedorf. Also nicht wundern, wenn der Profi-Fußballer mit Stäbchen und Sojasauce am Nebentisch hantiert *(Finger's, www.sheraton.com/cervo)*.

▶▶ TRENDSPORT

Action auf und neben dem Turnierfeld

Polo, das ist mehr als nur Sport. Das ist Action, Fashion, Natur und Glamour. Der perfekte Cocktail für einen neuen Trend, und so erobert der Sport der Könige bzw. der King of Sports nun auch Sardinien. Der *Polo Gold Cup* macht Station auf der Insel und lockt nicht nur Reiter und Pferd, sondern auch jede Menge VIPs an. Die Events in Porto Cervo: Im Frühjahr startet der *Jaeger Le Coultre Polo Gold Cup*, im Sommer das *Audi Polo Gold Cup Polo Tournament* (*www.pologoldcup.org,* Foto).

▶▶ CLUBBING MONDÄN

Flavio Briatore als Trendsetter

Sardinien avanciert zum Clubbing-Hotspot. Spätestens seit Formel-1-Manager Flavio Briatore den *Club Billionaire* (Porto Cervo, Golfo di Pevero, *www.billionaireclub.it,* Foto) eröffnet hat, feiert man bis in die frühen Morgenstunden. Orientalisches Design, internationale DJs und Gäste mit Starqualitäten sorgen für Glamour an der Costa Smeralda. Genau wie die Disco *Pata Pata* mit ihren sechs Areas und einer Openair-Tanzfläche, auf der auch mal Paris Hilton sich die Ehre gibt (*Loc. Agrustos Mare, Strada prov. Budoni, San Teodoro, www.pata-pata.it*). Im *Country Club* im mondänen Porto Rotondo sorgen DJs ab Mitternacht für tanzbare Beats rund um den Pool (*Porto Rotondo, Loc. Villaggio Rugiarda, www.countryclubportorotondo.it*).

▶▶ SPECIAL EVENTS

Sternenhimmel und Live-Musik

Sardinien liebt es live, laut und lässig. Der Mega-Hit in Cagliari: Rockkonzerte in den Ruinen des Amphitheaters. Der Mix aus Geschichte und Gegenwart, Kultur und Unterhaltung rockt und italienische Starmusiker wie Zucchero geben sich in dem alten Gemäuer die Ehre (*Viale Fra'Ignazio, Cagliari, www.anfiteatroromano.it*). Special-Live-Event an der Ostküste: das *Rocce Rosse Blues Festival* (*www.roccerosse.it*). Einmal im Jahr trifft sich die Musikszene direkt am Hafen von Arbatax zum In-Event unterm Sternenhimmel.

>> BEACHPARTYS

Daytime-Partys: Die angesagtesten Adressen am Strand

Die Party startet mittags: Zum Warm-up geht's erst mal an den Strand. In den angesagten Beachbars regiert die Farbe Weiß – weiße Daybeds, weißer Sandstrand, weiße Outfits. Am *Phi Beach* tanzen die Partypeople bis zum Abend, um anschließend zum Sonnenuntergang zu chillen *(Forte Cappellini, Loc. Baia Sardinia, Costa Smeralda, www.phibeach.it).* Trendy ist auch der neue *Nikki Beach (Cala Granu, Porto Cervo, www.nikkibeach.com).* Hier heizen nicht nur Drinks und Sonne, sondern auch der Sound ein. Für den Snack zwischendurch sorgt das im Orient-Look gestaltete In-Restaurant *Orange Beach (Cala Granu, Grand Hotel in Porto Cervo, www.grandhotelinportocervo.it,* Foto*).* Weitere Hotspots für die Daytime-Party: *Rupi's Chilling Out* am Porto Pollo, der *Fiat-Playa* am Porto Rotondo und der Partybeach schlechthin, *Spiaggia Poetto,* bei Cagliari im Süden der Insel. Dutzende Bars sorgen dort für Stimmung, allen voran *La Palmetta.*

>> SARDINIA GOES FASHION

Modeszene im Aufbruch

Fashionvictims aufgepasst. Italiens Modeszene hat einen neuen Namen in ihre Liste aufgenommen: Sardinien! Jung-Designer holen sich auf der Insel ihre Inspiration und lernen am Mode- und Design-Institut *Moda e immagine* ihre Basics *(Via Lamarmora 137, Nuoro, www.modaeimmagine.com).* Gegründet wurde die Schule von Modedesignern, die bereits in Mailand, Genua und Florenz tätig waren. Das Institut bietet Fashion-Workshops, Castings und Ausführungen von Mode-Kampagnen an. Die Insel ist auch auf den Catwalks auf dem Vormarsch: Die Agentur *Trend&Fashion* schickt sardische Models auf die internationalen Laufstege *(www.trendfashion.it).*

> WARUM SARDEN KEINE ITALIENER SIND

Notizen zu Autonomie, Blutrache, Schafen und der sardischen Sprache

AUTONOMIE

Graffiti längs der Schnellstraße: *A foras sos Italianos* – Italiener raus. Ganz so heiß wie auf der Nachbarinsel Korsika geht es nicht zu, der Frust über die Bevormundung durch Rom ist bisher gewaltlos geblieben. Es sprechen noch *murales* statt Bomben. Sie fordern das, was die Südtiroler genießen, nämlich Schul- und Kulturhoheit, Entscheidung über die Finanzen und das Recht auf die eigene Sprache. Die Regionalregierung in Cagliari konnte bei der Ansiedlung der großen, wenig umweltverträglichen Industrien ebenso wenig mitreden wie bei der Schaffung riesiger militärischer Sperrgebiete, die Sardinien zum mit Elektronik und Waffen vollgestopften „unsinkbaren Flugzeugträger" gemacht haben. An einen (sicherlich nicht überlebensfähigen) Kleinstaat Sardinien denkt so gut wie niemand.

> *www.marcopolo.de/sardinien*

STICH WORTE

HIRTEN & SCHAFE

Hirten und ihre Herden prägen die Landschaft. Mit über 5 Mio. Schafen liegt Sardinien weit an der Spitze der italienischen Regionen. Aus der groben, kratzigen Wolle werden in den Bergdörfern Teppiche und Decken gewebt. Lammfleisch ist gefragt und bringt nach Käse den meisten Ertrag.

Vor der Motorisierung blieben die Hirten oft für Wochen draußen. Der Hirte muss Krankheiten heilen, Käse und Ricotta, eine Art Quark, herstellen. Auch heute wird ein guter Teil des Käses nicht in den Molkereien zubereitet, sondern in der Einöde.

Im Winter geht es dann in die Ebenen, wo die Herden in der Macchia weiden oder auf den Stoppelfeldern. Pacht kostet nicht nur die Winterweide, auch die kargen Bergweiden sind meist nicht mehr Gemeindeländereien, sondern *tancas,* mit Mauern eingefriedetes Privatland, im 19. Jh. angeeignet, als der Gemeinbesitz per Dekret aufgelöst wurde.

Junge Hirten arbeiten meist mit Käsereien zusammen, die Abtransport und Verarbeitung der Milch besorgen. Sie sind dank Auto und Straßen nicht mehr vom gesellschaftlichen Leben ausgeschlossen. Ihre Hütten sind oft noch die *pinettas,* die Miniaturausgaben der Nuraghen, aber mit Fernseher und Video. Mit den alten Hirten verschwinden die malerischen Gestalten im Anzug aus festem Samt und mit der knappen Schirmmütze auf dem Kopf. Der Nachwuchs steckt in Jeans oder Secondhandklamotten aus Beständen des italienischen Militärs.

„KATHEDRALEN IN DER WÜSTE"

Das treffende Wort für fast alle großen Industrialisierungsprojekte, mit denen Politiker und staatliche Institutionen den raschen Aufschwung von Problemgebieten versprachen und fast immer nur den Freunden der Freunde gefüllte Taschen und Karrieren brachten. Bei den Planern in Rom haben kleine Genossenschaften und Familienbetriebe kaum eine Chance. Für Wahlversprechen taugen eher Riesenbetriebe wie die großen Erdölraffinerien in Porto Torres und im Golf von Cagliari, die Faserchemie von Ottana und die Papierfabrik von Arbatax. Sie haben alle kaum Arbeitsplätze geschaffen, beziehen ihre Rohstoffe von außerhalb und produzieren kaum oder gar nicht für den sardischen Markt, belasten die Umwelt und sind mehr oder weniger akut von der Schließung bedroht.

KORK

Fast die gesamte italienische Korkproduktion kommt aus Sardinien und davon der Löwenanteil aus der Gallura. Die Rinde kann nur alle neun Jahre geschält werden. Die Stämme leuchten dann rot, bis der neue Kork nachwächst.

Neun Jahre dauert es, bis sich der geschälte Kork regeneriert hat

MEER

1870 km Küste besitzt Sardinien. Davon sind zwar etliche Kilometer völlig unzugängliche Steilküste, der größte Teil aber sind Strände, vielfach noch ganz einsam. Bis auf wenige, begrenzte Schmutzecken um die großen Häfen und Industriezonen (besonders Cagliari bis Sarroch, Portovesme und Porto Torres) ist das Meer sauber und sind viele Strände unberührte Natur.

Nord- und Westküste sind stark den Winden ausgesetzt. Ost- und Südküste sind wesentlich ruhiger, obwohl es auch hier kräftig blasen kann. Die Badesaison beginnt bereits im Mai, für Abgehärtete auch schon früher. Angenehme Wassertemperaturen herrschen dann bis in den Oktober, in warmen Jahren werden sogar noch bis weit in den November 18 Grad erreicht.

MURALES

Die ersten Anstöße kamen aus der italienischen Studenten- und Stadtindianerbewegung nach 1968: Politisch engagierte junge Künstler lernten im Ausland die Wandmalereien Mexikos und Chiles kennen und übernahmen das spanische Wort *murales*. Die Themen kamen von der sardischen Autonomiebewegung, dem zunehmenden Protest gegen den Ausverkauf der Insel an Militärs und Tourismusunternehmen, aber auch aus der sardischen Geschichte, der Welt der immer Unterlegenen, aus den harten Auseinandersetzungen zwischen Herren und Knechten in den Hirtendörfern. Plakativ und ver-

Spektakuläre Traumbucht: Cala Luna

ständlich sind die Texte auf Sardisch. In San Sperate, Serramanna, Villagrande Strisaili, Oliena und Orgosolo wurden in kurzer Zeit die Hauswände zu Bildergeschichten über die leidvolle sardische Vergangenheit, mit der Hoffnung auf eine bessere, aber unbedingt sardische Zukunft. An den *murales* arbeiteten neben Berufskünstlern auch Laien mit. Heute verbleichen die meisten Bilder, blättern ab, sind Geschichte.

NURAGHEN

Über 8000 von den Steintürmen stehen einsam in der weiten Landschaft. Von vielen sind nur noch die Grundmauern zu sehen, andere erreichen mit bis zu drei Stockwerken Höhen von über 12 m. Nicht selten bilden sie mit Nebentürmen und meterdicken Mauerringen richtige Burgen. Längs den Bergrücken oder an den Rändern von Hochebenen stehen sie untereinander ständig in Krieg lagen und ab 700 v. Chr. erst von den Puniern und dann von den Römern unterworfen wurden.

SARAZENENTÜRME

Von den Nuraghen sind sie leicht zu unterscheiden. Sie stehen direkt an der Küste, das Mauerwerk ist weniger massig. Gebaut wurden sie zwi-

in langen Reihen in Sichtkontakt. Sie bildeten Verteidigungslinien, was gut bei Macomer und um die Giara di Gesturi zu erkennen ist. Die Steinmassen und die tonnenschweren Steinblöcke sind beeindruckend. Die Herkunft ihrer Baumeister, die um 1800 v. Chr. über das Meer kamen, ist unbekannt. Sie lebten in zahlreichen Stammesfürstentümern, die schen dem 15. und 18. Jh. auf Anordnung der spanischen Vizekönige, um Angriffe der Piraten abzuwehren, die Dörfer auch weitab von der Küste plünderten und die Einwohner in die Sklaverei verschleppten. 56 Türme stehen noch, von weiteren 25 sind Reste erhalten. Ihre Gesamtzahl dürfte einmal bei ungefähr 100 gelegen haben. Sie waren ständig bemannt und standen in Sichtkontakt.

> *www.marcopolo.de/sardinien*

SPRACHE

Donzi populu tenet su derittu a faeddare sa sua limba – jedes Volk hat das Recht, seine Sprache zu sprechen. Die Herrschenden taten sich zu fast allen Zeiten schwer mit der Volkssprache. Auf Sardischsprechen stand während der spanischen Herrschaft zeitweilig die Todesstrafe. Im ländlichen Sardinien lernen noch heute die meisten Kinder zunächst die Muttersprache Sardisch und Italienisch erst vom Fernseher und in der Schule. Fremden gegenüber sprechen sie korrektestes Schriftitalienisch, wie man es auf dem Festland nur selten hört. Untereinander, besonders wenn Fremde nicht mithören sollen, wird Sardisch gesprochen. Seit 1999 ist die von Sprachwissenschaftlern als Mix aus den verschiedenen sardischen Dialekten geschaffene sardische Schriftsprache zweite offizielle Sprache, wird aber im Alltag kaum gebraucht. Zweisprachige Ortsschilder und Internetseiten sind indes stark im Kommen.

TISCALI

1998 gründete Renato Soru nach der Öffnung des italienischen Telekommunikationsmarkts in Cagliari den Telefonanbieter und Internetprovider Tiscali. Er nannte die Firma, inzwischen der größte Internetanbieter Italiens, nach dem vorgeschichtlichen Dorf in den Bergen des Supramonte. 2003 zog sich Soru aus der Geschäftsleitung zurück, kandidierte als Unabhängiger für das Regionalparlament und wurde 2004 Präsident der sardischen Regionalregierung.

VÖGEL

Sardinien ist ein Vogelparadies. Die wilde, unberührte Natur, die großen Lagunenseen und die zahlreichen unzugänglichen Schluchten sind einzigartige Lebensräume. In den Küstenseen stehen Flamingos als zartrosa Tupfer zu Hunderten im flachen Wasser und gründeln nach Algen und Kleintieren, während Reiher, Kormorane und Löffler größeren Fischen nachstellen. Zur Zeit der Macchiablüte sind die leuchtend blauen Bienenfresser in oft riesigen Schwärmen unterwegs. Wegen ihres hübschen Federkleides hat die sardische Tourismuswerbung sie zum Symbolvogel der Insel gemacht. Wo Rinder weiden, fehlt selten der auffällige Wiedehopf mit seinem schicken Federkrönchen.

WASSER

Monatelange Trockenheit, die in vielen Jahren die Quellen versiegen, Felder und Weiden verdorren lässt, gehört zusammen mit den Wald- und Macchiabränden zu den Plagen Sardiniens. In den meisten Ferienorten ist wenig davon zu spüren, trockene Wasserhähne sind selten, Sparsamkeit aber bleibt ein Gebot, das auch Touristen beherzigen sollten. In den Städten und in vielen Dörfern Innersardiniens fließt das Wasser im Sommer und Herbst nur für ein paar Stunden am Tag. Die Quellen in Berg- und Waldgebieten sind oft umlagert von Leuten mit Kanistern und großen Korbflaschen, denn ihr frisches Wasser schmeckt anders als das oft mit Chlor aufbereitete aus dem Hahn.

REITERSPIELE UND PROZESSIONEN

In den Festen mischen sich Lebensfreude, heidnische Mythen und christlicher Glaube

> Die Sarden genießen ihre Feste, die oft eine Woche dauern. Sie legen dann ihre wunderschönen Trachten an, tanzen, essen und trinken. Wer hinzukommt, ist Gast, muss sich dem Gebot der Gastfreundschaft unterwerfen. Die alten sardischen Traditionen, von den Trachtenprozessionen bis zu den wilden Reiterspielen und Wettkämpfen in sardischer Dichtung oder den ernsten Büßerzügen zu Ostern sind fest im Alltag verankert.

GESETZLICHE FEIERTAGE

1. Jan. *(Capodanno)*; **6. Jan.** *Epifania*; **Ostermontag** *(Pasquetta)*; **25. April** *Liberazione* (Jahrestag der Befreiung vom Faschismus); **1. Mai** *(Festa del Lavoro)*; **2. Juni** *(Festa della Repubblica)*; **15. Aug.** *(Ferragosto)*; **1. Nov.** *(Ognissanti)*; **8. Dez.** *(Immacolata Concezione)*; **25. Dez.** *(Natale)*; **26. Dez.** *(Santo Stefano)*

FESTE

Februar/März
Carnevale: In der Barbagia findet ein wilder Mummenschanz statt, mit wüsten Kerlen und grimmigen Masken, wie in Mamoiada und Ottana: ein Kampf zwischen Mensch und Naturmächten, die Vertreibung des Winters. Die *sartiglia* im Hügelland um Oristano ist ein farbenfrohes Reiterfest zur Karnevalszeit. Seit einigen Jahren wiederholt man es im Sommer.

März/April
Settimana Santa: Die Osterwoche ist auf Sardinien ein immer noch tief empfundenes religiöses Ereignis. In vielen Dörfern werden Leiden und Auferstehung Christi in Passionsspielen mitgelitten.

Mai
An den Prozessionen vom 1. bis 5. Mai von der Kirche *Sant'Efisio* in Cagliari nach Pula nehmen Tausende in Trachten teil, dazu viele Festwagen und Reiter. Von Cagliari zieht die Prozession am Meer entlang ins 30 km entfernte Pula. *1.–10. Mai: San Francesco* in Lula, wo immer noch zahlreiche Nuoresen hinreiten, ganze Familien und Sippen aus der

> EVENTS
FESTE & MEHR

Stadt kommen. Essen und Trinken dieses zehntägigen Festes stammen aus Spenden und werden jedem angeboten. Vorletzter Sonntag: *cavalcata sarda* in Sassari, nach Sant'Efisio die größte Trachtenschau Sardiniens.

Juni

Anfang Juni: *Sardinia Cup* an der Costa Smeralda, internationale Segelregatta.

Juli

An der *ardia* am 6. und 7. nehmen Hunderte von Reitern und Tausende von Zuschauern teil. Es ist ein halsbrecherisches Wettreiten rund um die Landkirche *Sant'Antine von Sedilo*.

August

Madonnenwallfahrten: Mitte August (und im September) finden die großen Wallfahrten zu den einsam in den Bergen gelegenen Landkirchen statt. Einmal angekommen, werden die Steinhäuser um die Kirche bezogen, Zelte und Laubhütten aufgebaut, und es

beginnt ein tagelanges Picknick zu Ehren der Jungfrau.

15. Aug.: *Mariä Himmelfahrt*, in Italien *Ferragosto* genannt, ganz Italien feiert, Feste in Trachten gibt es in fast allen Dörfern der Barbagia. In Sassari und im nahen Nulvi die *Candelieri*-Prozessionen mit meterhohen Holzkerzen. Sie beginnen am Abend des 14. In Bosa: *Santa Maria del Mare*, Bootsprozession in Trachten von der Stadt auf dem Fluss bis zur Mündung.

Vorletztes Augustwochenende: Auf dem Monte Ortobene bei Nuoro wird die *Festa del Redentore* gefeiert. Zu dem Fest unter der Christusstatue auf dem Gipfel kommen Sarden in farbenprächtigen Trachten aus ganz Innersardinien.

September

Erster Sonntag im September: *San Salvatore* in Cabras. Junge Leute tragen im Lauf und barfuß das Heiligenbild zur 12 km entfernten Landkirche. Das Fest erinnert an die Rettung vor einem Sarazeneneinfall.

> SPANFERKEL UND BITTERER HONIG

Schmecken Sie die einfache, unverfälschte Küche der sardischen Hirten und Fischer

> **Auch wenn Pizza und Spaghetti auf der Karte stehen, die echte sardische Küche ist ganz anders als die auf dem italienischen Festland. Hirten, Bauern und Fischer haben ihre eigenen Traditionen.**

Brot ist noch vor den Nudeln das Hauptnahrungsmittel Sardiniens. In den Hirtendörfern des Landesinneren, wo noch viele Familien selbst backen, gibt es das hauchdünne, knusprige Fladenbrot, das die Sarden *pani carasau* oder *pani pistoccu* nen-

nen, die Italiener hingegen *carta di musica* – Notenpapier. Wie eine Lasagna geschichtet, mit Lammragout, Tomaten, Käse und pochierten Eiern gefüllt, wird es als *pani frattau* zum Festtagsgericht in der Barbagia.

Aber auch Teigwaren gehören zum festen Bestand sardischer Küche; Spaghetti sind, obwohl festlandsitalienischen Ursprungs, inzwischen dennoch sehr beliebt. In der Alltagsküche verdrängen sie sogar

> *www.marcopolo.de/sardinien*

ESSEN & TRINKEN

die klassischen sardischen Nudelsorten wie *malloreddus, culingionis* oder *fregola.*

Zu Festen und an Sonntagen finden oftmals große Bankette unter freiem Himmel statt; dann zieht feiner Ferkel- und Lammduft durch die Wälder. Schon Stunden bevor es ans Essen geht, werden die Tiere rund ums Feuer auf den Spieß gesteckt. Über das Braten wachen die alten Männer, deren Erfahrung die knus-prige, goldbraune Kruste und saftiges und aromatisches Fleisch sichert. Wacholder-, Myrten- und Rosmarin-zweige in der Glut geben im Rauch von ihrem Duft ab. Die eigentliche Würze sind jedoch die Kräuter, die das Tier beim Weiden gefressen hat.

A carraxiau nennt sich die größte aller sardischen Spezialitäten, der legendäre Braten in der Erde. Zuerst wird in einer Grube ein riesiges Feuer abgebrannt, dann gart das Tier auf der Glut; seltener sind es auch mehrere verschieden große, miteinander vermischte Tiere wie Ochse, Schwein, Lamm und Huhn. Seinen Ursprung dürfte diese ungewöhnliche Zubereitung in den verbreiteten Viehdiebstählen haben. Wenn die Hirten ein fremdes Lamm verspeisen wollten, brannten sie zur Tarnung über der Glut des Erdlochs ein scheinbar unschuldiges Feuer ab.

Der Duft der kargen, aber kräuterreichen Weiden steckt auch im Käse, den es von cremig zart bis steinhart gibt, meist vom Schaf. Der klassische *fiore sardo* ist ein fester Schafs-

> SPEZIALITÄTEN
Genießen Sie die typisch sardische Küche!

acciughe ripiene – pikant gefüllte, frische Sardellen mit Käse und Brotkrume überbacken

agnello al finocchietto selvatico – Lammragout mit frischem Wildfenchel

agnello al forno – Lammfleisch mit Kräutern im Backofen geschmort

bottarga – getrockneter Rogen, meist von der Meeräsche, als Vorspeise oder für Pastasaucen

cinghiale – Wildschwein

cordula – Würste oder Spieße aus Schafs- oder Ziegeninnereien

crabiddu – Zicklein

culingionis – Teigtaschen mit Gemüsefüllung und Tomatensauce (Foto)

fregula – Suppe aus Weizengrütze

maccarones furriaos – Nudeln mit Frischkäse, ein Hirtengericht

malloreddus – sardische Pastasorte, in der Form von kleinen Meeresschnecken

pani guttiau – sardisches Fladenbrot mit Salz und Olivenöl

papassinus – Mandelgebäck mit Anis, Zimt und Nelken

pardulas – süß oder würzig gefüllte Mürbeteigpfannkuchen

pasta e fagioli – dicke Bohnensuppe mit frischen Nudeln

porceddu – am Spieß geröstetes Ferkel mit knuspriger Kruste

ravioli di bietola – Teigtaschen mit leckerer Ricotta-Mangold-Füllung

sarde alla marinara – auf dem Rost gebratene Sardinen, die dann mit Öl, Zitrone und verschiedenen Kräutern mariniert werden

seadas con miele amaro – Teigravioli mit Ricottafüllung und bitterem Honig

torta di ricotta – süße Quarktorte

trattaliu – Innereienspieß mit Speckstückchen

zuppa gallurese – Brotsuppe mit Schafsbrühe und geriebenem Schafskäse

zuppa di pesce – sardische Fischsuppe mit Tomaten und gerösteten Brotscheiben

käse, der mindestens sechs Monate lagert; ist er noch älter, erinnert er fast an Steine und dient dann fast ausschließlich als Reibekäse. Alte Sarden machen den so genannten Würmchenkäse daraus, der nicht nur so heißt; das ist zwar heutzutage gesetzlich verboten, aber hoch geschätzt – das krabbelnde Leben macht ihn nämlich wieder kaubar.

Weniger experimentierfreudige Gaumen freuen sich an der Vielfalt milder und zarter Käsesorten wie dem *dolce sardo,* einem Butterkäse aus Kuhmilch, dem milden *ricotta,* einem quarkähnlichen Frischkäse, am besten aus Schafmilch, oder dem *ricotta salata* mit salzig-säuerlichem Geschmack.

Fangfrisch und auf dem Holzkohlengrill geröstet, sparsam nur mit aromatischen Kräutern und etwas Knoblauch gewürzt, entfalten auch die weniger teuren Fische wie die fleischige Meeräsche *(muggine, cefalo)* und sogar die ganz billigen Sardinen *(sarde)* ein Aroma, das nur noch von den Strandpicknicks der Fischer übertroffen wird.

Die Blüten von Macchia und Wildkräutern sind Bienenweide. Der Honig ist dickflüssig und herb. Eukalyptus und Orangenblüten dagegen geben hellen, dünnflüssigen und sehr süßen Honig, der für Konfekt und Mandelgebäck verwendet wird.

An die Stelle der traditionellen Bauernweine, die von Sardiniens Sonne zwischen 15 und 18 Prozent Alkohol mitbekamen, setzen viele Kellereien inzwischen leichte Weine, die besonders Fischgerichte und Pasta begleiten und auch als Aperitif zum Antipasto passen.

Auch die jungen Leute wissen die sardische Küche zu schätzen

Auch norditalienische Arten wurden heimisch gemacht. Herber Rotwein überwiegt: Der schwarzviolette Cannonau von Dorgali, Oliena und Ierzu und der Monica aus dem Campidano sind die bekanntesten. Bei den Weißen sind es der fast wasserhelle Nuragus aus dem Campidano, der strohfarbene Vermentino aus der Gallura und der Aragosta aus Alghero. Im Westen werden einige großartige Dessertweine angebaut, die Malvasia von Bosa, Sorso und Sennori und die Vernaccia von Oristano, der sardische Sherry.

ALTE HANDWERKSTRADITION

Alles, was ein Schäfer braucht – die authentischen
Souvenirs stammen aus der Welt der Schafhirten

> In den meisten sardischen Hirtendörfern stehen noch in vielen Häusern die Handwebstühle, an denen die Frauen aus der Wolle ihrer Schafe Teppiche und Decken nach uralten Mustern weben. In den letzten 40 Jahren haben die Abwanderung aus den Dörfern und die Konkurrenz mit modernen und preiswerten Industriewaren das Handwerk vielfach aussterben lassen. Tongefäße, Schüsseln, Schalen und Dosen aus Kork, Körbe und die wunderschönen Flechtarbeiten aus Asphodelosfasern und Stroh waren nicht mehr gefragt.

Gerade noch rechtzeitig wurde die Isola gegründet, das Sardische Institut zur Förderung des Kunsthandwerks, das in den Dörfern Räume für Webstühle, für Verkauf und Ausstellung bereitstellte, Frauen zum Zusammenschluss zu Genossenschaften ermunterte und über Verkaufsausstellungen in Ferienorten, den Provinzhauptstädten, in Mailand und schließlich auch in New York erfolgreich Verkaufsförderung betrieb. Das Verdienst der Isola kann kaum überschätzt werden, wenn man sieht, wie anderswo altes Handwerk mit Jahrhunderten an Tradition verschwand oder durch Waren aus Billiglohnländern in Fernost oder der dritten Welt verdrängt wurde.

Schnäppchen gibt es auf Sardinien nicht. Orientieren Sie sich an den Preisen und der Qualität, die es bei Isola gibt. Was im „freien" Handel deutlich billiger ist, kommt fast nie von der Insel, sondern ist eine Imitation.

GRILLZUBEHÖR

Auf den zahlreichen Märkten der Insel gibt es eine meist große Auswahl an handgeschmiedeten Spießen, Brat- und Grillrosten, Kaminschaufeln und allem, was Sarden für das Braten am offenen Feuer brauchen.

KERAMIK

Schalen, Krüge, Teller, Leuchter und Dosen aus Keramik werden nach alten überlieferten Mustern und in modernem Design in den Orten Assemini, Decimomannu, Elmas, San Sperate, Selargius

> EINKAUFEN

und Serrenti im Hinterland von Cagliari hergestellt. Große Auswahl bei Formen und Mustern.

KORBWAREN

Feine Flechtarbeiten aus Naturfasern wie Binsen, Stroh und Affodillgewächsen stammen überwiegend aus Castelsardo und San Vero Milis, Körbe für den Alltagsgebrauch findet man auf den großen Märkten, die es anlässlich von Festen besonders in den Ortschaften im Landesinneren gibt.

LEDERWAREN

Ledergürtel, oft bunt eingefärbt, sind immer noch ein wichtiger Teil der alten Trachten und ein beliebtes Mitbringsel, ebenso Taschen und Rucksäcke aus Naturleder, die besonders in den Bergdörfern südlich von Nuoro hergestellt und angeboten werden.

MESSER

Wenn Sarden ein Mitbringsel von ihrer Insel wählen könnten, wäre das wohl ein Klappmesser aus Pattada und Arbus, handgeschmiedet aus bestem Stahl, der Griff aus poliertem, ausgesucht schönem Horn, ein Erbstück, das von Generation zu Generation weitergegen wird.

SCHMUCK

Korallen wurden früher in Alghero und Bosa direkt aus dem Meer geholt. Die Bestände sind schon seit Jahren geschützt und so kommt das Rohmaterial inzwischen aus fernen tropischen Meeren. Hübschen Korallenschmuck, Silber- und Goldfiligranarbeiten finden Sie in Alghero und Bosa, Gavoi, Nuoro, Dorgali, Iglesias und Cagliari.

WEBARBEITEN

Teppiche und Decken aus Wolle, Leinen und Baumwolle werden in Handarbeit in Aggius, Osilo, Nule, Bolotana, Dorgali, Fonni, Sarule, Samugheo, Mogoro, San Basilio und Isili gewebt. Vor Ort können Sie einen Blick in die Werkstätten werfen, sich Ihr Muster aussuchen, kaufen und bestellen.

> GALLURA UND COSTA SMERALDA

Das karge, steinige Land, wo der strohfarbene Vermentino wächst und nicht nur Millionäre Ferien machen

> Granit hoch getürmt zu Bergen, unendliche Hochländer mit Felsblöcken wie nach einer Riesenschlacht, Klippenzungen ins Meer hinaus, vom Wind und dem Hunger der Ziegen und Schafe flach gehaltene Macchia, darüber ein Himmel, der längst nicht immer im Postkartenblau strahlt.

Das Gestein rosa, hellweiß, grün, lila, poliert und geformt von den Naturelementen, Fabelwesen und Tiere aus Stein: Bären, Drachen, Elefanten. Als 1960 in dieses spärlich besiedelte Land der Märchenprinz aus dem Orient kam, hieß das alles Costa Smeralda, Smaragdküste.

Mit den Jahren wurde es immer voller, mehr als die Hälfte aller Sardinienreisenden macht hier Ferien. Längst sind die Reichen nicht mehr allein. Aus dem Armenhaus der Insel ist ihr reichster Teil geworden.

Die Granitdörfer, die vorgeschichtlichen Steinsetzungen, das helle, grün schimmernde Licht in den

Bild: Der Yachthafen von Porto Rotondo

DER NORDOSTEN

Korkeichenhainen, die weiten Horizonte haben sich herumgesprochen. Dennoch genügt es, wenige Kilometer landeinwärts zu wandern, und es umgibt einen unendliche Ruhe.

COSTA SMERALDA

[123 E–F 2–4] Anfang der Sechzigerjahre „entdeckte" der Ismaelitenprinz Aga Khan, selbst Segler und seit langem zu Hause in den Orten der internationalen High Society, die Galluraküste als ideales Segelrevier und neues Refugium für seine Kreise. Die 55 km^2 Küstenmacchia, Strände und Felsbuchten wurden nach den Ideen eines internationalen Architekten- und Landschaftsplaner-teams so bebaut und gestaltet, dass eine naturnahe und organisch gewachsene Ferienlandschaft entstand. Harte Eingriffe in die Natur, wie sie

COSTA SMERALDA

damals (und teils noch heute) um das Mittelmeer üblich waren, wurden vermieden, und nur ein geringer Teil der Fläche wurde bebaut. Die Architekten nahmen sich die Fischerdörfer und Bauernhäuser des Mittelmeers zum Vorbild. Natürliche Baumaterialien wie Granit und Holz wurden verwendet. In der Inneneinrichtung wurde sparsam möbliert mit Einzelstü-

ohne Zerstörung und Entstellung der Küste gelang. Bedrohlich sind allerdings neue Pläne eines weiteren Ausbaus und allzu viele Besucher, die ihre Spuren hinterlassen.

■ SEHENSWERTES ■

ARZACHENA [123 D3]

Die ganze Costa Smeralda (9500 Ew.) liegt im Gemeindegebiet dieses

In der typischen Architektur der Costa Smeralda präsentiert sich Porto Cervo

cken des sardischen und modernen Kunsthandwerks. Hotels wie Cala di Volpe, Pitrizza und Romazzino sind Meisterwerke der Baukunst, den Villen der Renaissance vergleichbar.

Die Costa Smeralda und Baia Sardinia sind großartige Naturlandschaften, wo durch Können und Selbstbeschränkung der Architekten der Bau von Hotels, Villen und Sporthäfen

einst unbedeutenden Hirtendorfs, ebenso Cannigione und Baia Sardinia. Das alte Ortszentrum auf dem Hügel mit der großen Piazza, wo sich abends die Einheimischen zur *passeggiata* treffen, unterscheidet sich nur wenig von Orten mit weniger berühmter Umgebung. Es wurde viel gebaut, die Zeichen äußeren Wohlstands sind allenthalben sichtbar. Es gibt aber auch preiswerte Unterkünfte, und man ist nicht nur unter Touristen.

PORTO CERVO ▶▶ [123 E–F2]

Als Zentrum entstand völlig neu Porto Cervo, als Segelhafen mit allem versehen, was das maritime Herz begehrt, vom Schiffsausrüster bis zur Werft. Porto Cervo ist als Ort konzipiert, hat eine Kirche im typischen Costa-Smeralda-Stil, innen sogar einen echten El Greco; die Piazza ist umgeben von Bars, Läden und Gassen. Die Idee wurde in Baia Sardinia und Porto Rotondo aufgegriffen.

■ ESSEN & TRINKEN

FRATI ROSSI [123 E-F3]

Ein kleines Lokal über dem Golf von Pevero mit Meeresküche und sardischen Spezialitäten. Es befindet sich im Ortsteil Pantogia an der Straße von Arzachena nach Porto Cervo (ausgeschildert). *Mo geschl. | Tel. 078 99 43 95 | €€€*

GIAGONI [123 E3]

Gute Pizza, Vorzügliches vom eigenen Bauernhof, wo Lamm, Ricotta, Käse und Grünzeug herkommen. *April–Okt. tgl. | San Pantaleo | Via Zara 1 | Tel. 078 96 52 05 | €€€*

■ EINKAUFEN

Die Piazzetta und die Passeggiata von *Porto Cervo* [123 E–F2] sind Sardiniens erlesenster Einkaufsort: Mode, Schmuck und sardisches Kunsthandwerk sowie Antiquitäten finden Sie an der *Sottopiazza* bei *Isola.*

■ ÜBERNACHTEN

B & B LU ALDAREDDU 🌿 [123 E4]

Erlesen restauriertes Granithaus mitten im Wald. *4 Zi. | Straße Olbia–Arzachena (10 km) | Tel. 33 32 24 93 89 | Fax 07 89 61 30 01 | www.lualdareddu.com | €€*

BORGO ANTICO ▶▶

Landhaus in wilder Felsenlandschaft bei San Pantaleo mit Ausblick auf

MARCO POLO HIGHLIGHTS

Casa Garibaldi
Vom italienischen Nationalhelden selbst gebautes Haus auf Caprera, heute ein interessantes Museum (Seite 39)

⭐ **Archäologische Stätten**
In herber Felsen- und Heidelandschaft liegen Tempel und Gigantengräber der Vorgeschichte (Seite 35)

⭐ **Tempio Pausania**
Bergstadt mit schöner Altstadt aus hellem Granit, nur auf

den ersten Blick grau in grau (Seite 37)

⭐ **Monte Limbara**
Vom Gipfel kann man an klaren Tagen den ganzen Norden Sardiniens und Teile Korsikas sehen (Seite 37)

Capo Testa
An der Nordspitze Sardiniens türmen sich ungeheure Granitmassen zu beeindruckenden Skulpturen (Seite 40)

COSTA SMERALDA

Costa Smeralda, Macchia-Park. *27 Zi | Via La Pietra Sarda | Tel. 078 96 54 00 | Fax 078 96 54 55 | www.borgoanticohotel.it | €€ – €€€*

CAPRICCIOLI [123 F3]
Kleines, vom Besitzer selbst geführtes Hotel, großartige Lage auf der Halbinsel Capriccioli; Veranda mit Restaurant *Pirata,* Bootssteg. *46 Zi. |*

■ SPORT
Skipper finden Ausrüstung in Porto Cervo. Zum Surfen beliebt sind die ▶▶ Bucht von Cannigione und der Golfo di Saline. Die Campingplätze vermieten Bretter.

■ AM ABEND
Auf der Piazzetta von Porto Cervo und der Piazza in Baia Sardinia ge-

Die stimmungsvolle Disko Ritual ist seit vielen Jahren angesagt

Tel. 078 99 60 04 | Fax 078 99 64 22 | www.hotelcapriccioli.it | €€€

CA' LA SOMARA [123 F3]
Insider Tipp

Landhaus in ehemaligem Eselstall, handgefertigte Teppiche und Kacheln, Garten, auf Wunsch feines Essen, Blick auf die Bucht. *10 Zi. | Capriccioli | Tel. 078 99 89 69 | www. calasomara.it | €€ – €€€*

ben sich Prominente und deren Zuschauer ein Stelldichein. Originell ist die in und auf Granitfelsen gebaute ▶▶ „Burgruine" *Ritual,* deren Tanzpisten viele Jahrgänge von Costa-Smeralda-Gästen gesehen haben. Ganz anders geht es in Arzachena zu: Treff ist der Platz im alten Zentrum, wo sogar in der Hochsaison die Einheimischen in der Mehrzahl sind.

▶ www.marcopolo.de/sardinien

DER NORDOSTEN

■ ZIELE IN DER UMGEBUNG ■

ARCHÄOLOGISCHE STÄTTEN ⭐

In der sonst an vorgeschichtlichen Denkmälern eher armen Gallura ist Arzachena eine Ausnahme. Vom Ortszentrum führt eine schmale Straße zum so genannten �☀ *Fungo,* einem von Wind und Regen zum Steintisch in Pilzform geformten Granitblock. 3 km von der Ortsmitte, noch vor dem Abzweig nach Cannigione, führt rechts ein kurzer Fußweg zum Nuraghen *Albuccio* [123 D–E3]. Er ist aus großen Granitblöcken gebaut; genau gegenüber an der Straße geht ein Fußweg nach links, der nach 1 km den gut erhaltenen Nuraghentempel *Malchittu* erreicht.

Über die Straße nach Luogosanto kommen Sie (Hinweisschilder beachten!) zum Riesengrab *Coddu Ecchju* [123 D3] mit einem großen Monolith als Grabstele. In der Nähe stehen die mächtigen, von Büschen teils überwucherten Mauern des Nuraghen *Capichera;* knapp 3 km weiter in Richtung Luogosanto führt rechts eine Feldstraße zum Riesengrab ☀ *Li Lolghi* und zur Steinsetzung *Li Muri* [123 D3] in eindrucksvoller Landschaft.

OLBIA

 KARTE IN DER HINTEREN UMSCHLAGKLAPPE

[123 E5] **Für die Mehrzahl der Sardinienreisenden bringt die Hafenstadt (40 000 Ew.) am Ende der tiefen Bucht die erste Begegnung mit der Insel.** Flach gegenüber den Granitbastionen der Gallura und der mächtigen Kalkscholle der Insel Tavolara erscheint die selten mehr als zweistöckige Architektur.

■ SEHENSWERTES ■

SAN SIMPLICIO

Die Kirche wurde im 11. und 12. Jh. von pisanischen Meistern aus dem lokalen Granit errichtet. Sie liegt jenseits der Bahnlinie.

■ ESSEN & TRINKEN ■

GALLURA

Solides Mittelklassehotel im Zentrum mit berühmtem Feinschmeckerrestaurant, wo Tradition, kreative Zubereitung und beste Grundmaterialien das Essen zum Erlebnis machen. *Rest. Mo. geschl.* | €€€, *Hotel: 16 Zi.* | *Corso Umberto 145* | *Tel. 078 92 46 48* | *Fax 078 92 46 29* | €€

TRATTORIA ROSSI

Ein paar Kilometer östlich von Olbia am Strand von Pittulongu mit Blick auf die Insel Tavolara. Es wird Meeresküche mit einfachen Sardellen und edlen Krustentieren serviert. *Mi geschl.* | *Tel. 078 93 90 42* | €€ – €€€

■ ÜBERNACHTEN ■

PORTO SAN PAOLO ☀

Im Landhausstil mit Garten, der auf die Strandbucht des gleichnamigen kleinen Hafens 15 km südlich mündet. Großartiger Blick auf die vorgelagerte Isola Tavolara. *40 Zi.* | *Tel. 078 94 00 01* | *Fax 078 94 06 22* | €€ – €€€

■ STRÄNDE ■

☀ Zum Strand von *Pittulongu* an der Küstenstraße nach Golfo Aranci fährt ein Stadtbus. Dort gibt es Bars, Lidobetrieb, Restaurants und Verleih von Sportgerät. Schöne Buchten im Süden sind *Porto San Paolo, Porto Istana* und *Porto Taverna.*

OLBIA

■ AUSKUNFT ■

UFFICIO TURISMO
Via Nanni 39 | *Tel. 078 92 14 58* |
www.comuneolbia.it

■ ZIELE IN DER UMGEBUNG ■

**GOLFO ARANCI UND
PORTO ROTONDO** [123 F4]

Nach Olbia ist das 15 km nordöstlich gelegene *Golfo Aranci* der nächstwichtige Fährhafen. Hier kommen die Schiffe der italienischen Staatsbahn aus Civitavecchia an. So schön die Straße von Olbia hierher ist (Blick über die Küste nach Süden; gute Strände), so nüchtern ist der Ort.

Auf der Halbinsel Punta della Volpe 15 km nördlich ist das Gegenstück zur Costa Smeralda entstanden: *Porto Rotondo* lockt ein zahlungskräftiges Publikum mit schönen Hotels und Ferienvillen, einem Yachthafen und feinen Shoppinggelegenheiten. Am Eingang von Porto Rotondo

sitzt man bei *Giovannino (außer im Sommer So abends und Mo geschl.* | *Tel. 078 93 52 80* | *€€€)* im Garten.

TAVOLARA [119 F3]

Die 5 km lange Kalkinsel steigt fast senkrecht 565 m hoch aus dem Meer. Ausflugsboote verkehren bei ruhiger See von Porto San Paolo und Porto Taverna südlich von Olbia zu dem kleinen Inselhafen am Westrand, wo am Strand einige Häuser stehen.

**TEMPIO PAUSANIA UND
DAS LANDESINNERE**

Um *Monti* [123 D6] wächst der Vermentino, vielleicht der beste Weißwein der Insel. Rund 35 km westlich auf den Bergen um *Calangianus* [122 C5] und die alte Hauptstadt der Gallura, Tempio, steht ein lockerer Korkeichenwald. In *Luras* gibt das *Museo Etnografico Galluras (Besuch nach Vereinbarung* | *Via Nazionale*

In der Saison herrscht Hochbetrieb im Hafenstädtchen Olbia

35 | Tel. 079 64 72 81 | *www.gallu-ras.it*) einen Einblick in das Leben früherer Generationen.

⭐ *Tempio Pausania* ([122 B5], 14 000 Ew.) hat mit seinen gut 550 m Höhe auch im Sommer ein wesentlich frischeres Klima, was die Sarden ebenso zu schätzen wissen wie die kalten, leicht mineralischen Quellen *Fonti di Rinaggiu* im oberen Ortsteil. Die aus hellem Granit gebaute Altstadt ist sehr hübsch.

Im zentral gelegenen *Purgatorio* (Di geschl. | Piazza del Purgatorio | Tel. 079 63 43 94 | €) gibt es lokale Küche mit Fleisch, Pasta und Käse. 3 km außerhalb an der Straße nach Palau liegt das Hotel *Pausania Inn* (60 Zi. | Tel. 079 63 40 37 | Fax 079 63 40 72 | *www.hotelpausania.com* | €€ – €€€) mit Pool, Terrassen und großem Garten. Ein schönes Quartier unterhalb des Monte Limbara mit Pool und kleinem See auf dem weitläufigen Gelände ist der **Insider Tipp** *Agriturismo L'Agnata* (11 Zi. | Tel. 079 67 13 84 | Fax 079 63 41 25 | *www.agnata.it* | €€ – €€€) an der Straße zum Lago Coghinas, wo die Familie des verstorbenen Liedermachers Fabrizio de Andrè eigene Landwirtschaft betreibt und gut für die Gäste kocht.

Zur Spitze des 1359 m hohen Granitmassivs ⭐ 🌼 *Monte Limbara* [122 C5] führt eine Straße. Der Blick von hier umfasst an klaren Tagen den ganzen Norden Sardiniens bis zum Gennargentugebirge und weit nach Korsika hinein. Die Straße von Tempio führt weiter zum vogelreichen *Lago del Coghinas* [122 B6].

Das Nachbardorf Aggius [122 B5] ist für seine Sänger und Deckenweberinnen berühmt und liegt in der

Im Land der Korkeichen: die Gallura

großartigen Granitlandschaft des Valle della Luna. Reitexkursionen, Unterkunft und Essen im **Insider Tipp** *Agriturismo Il Muto di Gallura*, einem Gutshaus aus dem 18. Jh. 10 Zi. | loc. Fraiga | Tel./ Fax 079 62 05 59 | *www.mutodigallura.com* | €€

PALAU UND INSEL LA MADDALENA

[123 D–E 1–2] Die Inseln des galluresischen Archipels gehören zu einer versun-

PALAU UND INSEL LA MADDALENA

kenen Landbrücke zwischen Sardinien und Korsika. Die Inseln sind zusammen mit den sie umgebenden Meeresflächen ein Nationalpark (Informationen zum Zugang in die Naturschutzgebiete: *Tel. 07 89 79 02 11 | www.la maddalenapark.it*), der gut 50 km² auf dem Land und 150 km² Meeresfläche mit insgesamt 180 km Küstenlinie umfasst.

Der Archipel war mit den zahlreichen Klippen und Untiefen an dieser stürmischen Küste immer ein Schrecken der Seefahrer. Palau (3200 Ew.), der Hafen für das gerade 15 Schiffsminuten entfernte La Maddalena, ist ein aktiver Fischerhafen. Die großartigen Granitformationen am Capo d'Orso und auf dem ☼ Monte Altura, die artenreiche, hohe Macchia und einige badefreundliche Buchten haben ähnlich wie an der Costa Smeralda Ferienvillensiedlungen entstehen lassen.

La Maddalena (12 000 Ew., *www. lamaddalena.com*) besitzt einen guten Naturhafen, den vor zwei Jahrtausenden schon die Römer schätzten. Seit dem Ende des 18. Jhs. wurde die bis dahin unbewohnte Insel zur Festung ausgebaut. Französische Eroberungsversuche scheiterten, unter anderem der von 1793, an dem der damals noch unbekannte Napoleon Bonaparte teilnahm.

■ ESSEN & TRINKEN ■

AL FAONE

Die Trattoria im Herzen der Altstadt bietet Meeresfrüchte als Antipasti, gefüllte *calamari,* Muscheln. *Mo geschl. | La Maddalena | Via Ilva | Tel. 07 89 73 83 02 | €–€€*

LA GRITTA ☼

Der Blick von der Terrasse ist atemraubend. Muscheln, Krustentiere und erlesene Fische entfalten hier ihr vol-

Mit dem Boot geht es durch die Inselwelt des galluresischen Archipels

les Aroma, die Desserts sind verführerisch, dazu kommt eine gute Käseauswahl. *Okt.–März Mi geschl. | Punta Faro nördlich von Palau | Tel. 07 89 70 80 45 | €€€*

SU SIRBONE ↯

Etwas außerhalb auf der Höhe gelegen, großartiger Blick über die Inselwelt; die Küche orientiert sich am Landesinneren. *Mai–Sept. tgl. | Tel. 07 89 70 84 48 | €€*

■ ÜBERNACHTEN

NIDO D'AQUILA

Top-Lage an der Küstenstraße nach Norden. *44 Zi. | La Maddalena | Tel. 07 89 72 21 30 | Fax 07 89 72 21 59 | www.hotelnidodaquila.it | €€*

HOTEL LA VECCHIA FONTE

Neues Hotel mit schönem Blick am Yachthafen von Palau. Große, helle Zimmer. *36 Zi. | Via Fonte Vecchia 48 | Tel. 07 89 70 97 50 | Fax 07 89 70 72 95 | www.lavecchiafontehotel.it | €€–€€€*

■ SPORT

Porto Puddu 8 km nordwestlich von Palau gilt als eines der besten Surfreviere; die Zufahrt erfolgt über die Feriensiedlung Barrabisa.

■ AUSKUNFT

La Maddalena: Piazza Barone De Geneys – Cala Gavetta | Tel. 07 89 73 63 21 | *www.lamaddalena.com* **Palau:** Palazzo Fresi | Tel. 07 89 70 70 25 | *www.palau.it*

■ ZIELE IN DER UMGEBUNG

CAPO D'ORSO ↯   [123 E2]

Eine Panoramastraße (4 km) ober-

halb der Küste gibt den Blick frei auf die Inselwelt. Über dem Kap herrscht der „Bär", ein großer Granitklotz.

CASA GARIBALDI ★   [123 E2]

Während La Maddalena ausgesprochen karg und steinig ist und nur kleine Buchten besitzt, ist die durch einen Straßendamm mit ihr verbundene Insel Caprera bewaldet und hat im Süden Sand- und Kiesbuchten. Die Casa Garibaldi liegt gleich am Eingang zur Insel. Der italienische Nationalheld Giuseppe Garibaldi ließ sich 1861 auf Caprera nieder, nachdem er mit seinen 1000 Rothemden zur Eroberung Siziliens und Süditaliens von hier gestartet war. Er baute nach der italienischen Einigung eigenhändig die Casa Bianca, machte Land urbar und empfing zahllose Verehrer. Nach seinem Tod im Jahr 1882 wurde er im Garten unter einem riesigen Granitblock bestattet. Das Haus ist heute Museum und Gedenkstätte. *Insel Caprera | Di–Sa 9–13.30 und 14–18.30, So 9–13.30 Uhr*

INSELFAHRT   [123 D1]

Fahrten zu den kleinen Inseln werden in Palau und La Maddalena täglich angeboten, mit und ohne Spaghettiessen an Bord, meist aber mit Badeaufenthalt. *Spargi* mit ein paar Steinhütten und einem Sarazenenturm ist die größte, *Budelli* hat rosaroten Sand, *Razzoli* ist schroff. Die Inseln gehören zum Nationalpark und dürfen nur im Rahmen von geführten Bootsfahrten betreten werden. Anlanden mit eigenen Booten ist ebenso streng verboten wie jeder Eingriff in die Natur wie Unterwasserjagd, Angeln und Grillpartys an den Stränden.

SANTA TERESA DI GALLURA

[122 C1] Nur 12 km Meer trennen Korsika und Sardinien; Fähren von Santa Teresa di Gallura pendeln mehrmals am Tag nach Bonifacio, dessen weiße Kreidefelsen bei klarem Wetter vor den hohen, bewaldeten Bergen Südkorsikas leuchten. Santa Teresa (4200 Ew.) ist Fischereihafen. Die Bademöglichkeiten am Ort sind beschränkt, dafür aber in der bizarren Felsenwelt am Capo Testa großartig.

ESSEN & TRINKEN

TORRE ❀

Superblick auf Meer und Korsika, dazu Fisch. *Mi geschl. | Via del Mare 36 | Tel. 07 89 75 46 00 | €–€€*

>LOW BUDGET

> Die Bar und Pizzeria ▶▶ *Il Baretto* liegt nur wenige Schritte von der berühmten Bucht Cala di Volpe entfernt und bietet Pizza, Snacks und Getränke zu unerwartet günstigen Preisen *(Tgl. März–Okt. | Costa Smeralda/ Cala di Volpe | Tel. 078 99 61 15)*.

> Mitten im Zentrum von Olbia steht das preiswerte *Hotel Terranova*. Toller Blick von der Dachterrasse *(21 Zi. | Via Garibaldi 3 | Tel. 078 92 23 95 | Fax 078 92 72 55 | www.hotelterra nova.it)*.

> Der Besuch des *Museums für Korkbearbeitung* mit entsprechenden Maschinen und Arbeitsgeräten aus dem 19. Jh. ist gratis *(Museo delle Macchine del Sughero | Via Limbara 9 | Tempio | Mo–Fr 8–14, Di und Mi auch 15–18 Uhr)*.

ÜBERNACHTEN

BELVEDERE ❀ *Insider Tipp*

Tolle Lage beim Leuchtturm, freundlicher Service. *22 Zi. | Piazza della Libertà 2 | Tel. 07 89 75 41 60 | Fax 07 89 75 49 37 | €€*

CORALLARO

Direkt am Sandstrand Rena Bianca, große Zimmer, Pool. *82 Zi. | Tel. 07 89 75 54 75 | Fax 07 89 75 54 31 | www.hotelcorallaro.it | €€–€€€*

STRÄNDE

Die besten Strände in der Umgebung finden Sie am Capo Testa (5 km) und hinter der 12 km langen Pineta Rena Maiore (Straße nach Castelsardo).

AUSKUNFT

Piazza Vittorio Emanuele 24 | Tel. 07 89 75 41 27 | www.comunesanta teresagallura.it

ZIEL IN DER UMGEBUNG

CAPO TESTA ★ ❀　　　　**[122 B1]**

Ein Erlebnis sind die Granitmassen der nahen Halbinsel Capo Testa. Dort gibt es Steinformationen in Form von Tieren, Burgen und Fabelwesen, besonders in der *Valle della Luna.* An der Straße zum Kap (4 km) steht das Familienhotel *Bocche di Bonifacio (11 Zi. | Tel. 07 89 75 42 02 | Fax 07 89 75 90 09 | €€)* mit gutem Essen. *Insider Tipp*

SAN TEODORO UND BUDONI

[119 F3–4] Der Süden der Gallura erinnert mit seinen weit geschwungenen Granit- und Sandbuchten und den kleinen Hirtenweilern im Hinterland an die Berge im Lan-

Die Erosion hat die Felsen bei Capo Testa zu bizarren Formen modelliert

desinneren. Aus Häusergruppen und Schäferhütten wuchsen in 30 Jahren Feriensiedlungen und richtige Orte. Es gibt kaum große Hotels, dafür Feriendörfer, Campingplätze und Ferienwohnungen. ▶▶ *San Teodoro* (1700 Ew.) hat lange, breite Strände – die 3 km lange Sandzunge, die Lagune und Meer trennt, bietet Strand pur. Klippen, wo Taucher artenreiche Reviere finden, gibt es nördlich bei Lu Impostu und am Capo Coda Cavallo. Das *Museo del Mare (Mo–Fr 9–13 und 15.30–17.30 Uhr)* mit Aquarium liegt an der Zufahrt zum Hauptstrand La Cinta *(Info: Pìazza Mediterraneo | Tel. 07 84 86 57 67 | www.santeodoroturismo.com).*

Budoni (3500 Ew.) ist ein lang gestrecktes Straßendorf mit langen, guten Stränden mit Pineta und hellem Sand. Ländlichen Charme haben sich auch die beiden nahe gelegenen Weiler Agrustos und Ottiolu bewahrt *(Info: Pro Loco | Via Nazionale 202 | Tel. 07 84 84 40 50).*

■ ÜBERNACHTEN ■

DUE LUNE
Tolle Lage auf der Halbinsel Punta Aldia nördlich von San Teodoro. Erlesen ausgestattet und ein Garten, der bis ans Meer reicht. *67 Zi. | Tel. 07 84 86 40 75 | Fax 07 84 86 40 17 | www.duelune.com | €€€*

■ ZIEL IN DER UMGEBUNG ■

ALTOPIANO DI BUDDUSÒ   [119 D–E4]
Vom Hirtendorf *Alà dei Sardi* (gut 50 km ab Budoni) führt eine beschilderte Erdstraße nach 8 km zum Nuraghenheiligtum 🌼 *sos Nurattolos,* wo gut erhaltene Tempel und Brunnenheiligtümer stehen.

Von *Buddusò* führt die Straße durch Korkeichenhaine Richtung Bitti, am Weg der stattliche *Nuraghe Loelle.* Eine Nebenstraße führt zum vorgeschichtlichen *su Romanzesu* (Brunnentempel, Megalithkreise), wo man im *Agriturismo Romanzesu (Tel. 07 84 41 57 16 | €)* auf Vorbestellung ländlich speisen kann.

> KÜSTENSTÄDTE, MEERESHÖHLEN UND ERLOSCHENE VULKANE

Alghero, Bosa, Castelsardo und Stintino zählen zu den besonders beliebten sardischen Urlaubszielen

> Wie lange, schräge Fahnen stehen die Bäume, zeigen, woher der Wind weht. Der Maestrale, wie italienische Seeleute den Mistral aus Südfrankreich nennen, trifft hier nach 350 km Meer wieder auf Land, dörrt die Erde aus, wo nicht Berge oder wenigstens Feldmauern Schutz bieten. Porto Torres und Stintino sind im Windschatten der Insel Asinara und Alghero vom Vorgebirge Capo Caccia vor dem Wind geschützt. Das sind die wenigen ruhigen Ecken und die einzig nennenswerten Häfen. Der Großteil der Küste ist menschenleer und vom Land her nicht zugänglich.

Porto Torres, heute durch riesige petrochemische Industrieanlagen entstellt, ist seit der Römerzeit der Endpunkt der großen sardischen Nord-Süd-Straße und damit Sprungbrett nach Norditalien. Die Dörfer der Hochebenen liegen in deutlichem Abstand zur Küste. Den vergangenen Reichtum von Hirten und Pferde-

Bild: Hafen von Stintino

DER NORDWESTEN

züchtern zeigen die Nuraghenburgen der Vorgeschichte und die romanischen und pisanischen Kirchen des Hochmittelalters, die heute inmitten der auf wenige Häuser geschrumpften Dörfer riesig wirken.

ALGHERO

[124 A1] **Am großartigsten präsentiert sich Alghero (39 000 Ew.) von Süden, von der Küstenstraße nach Bosa.** Die Neu-stadt mit ihren Allerweltsbetonhochhäusern, die Hälfte davon Hotels, bleibt dann teilweise ungesehen. Dafür geht die Sicht auf die Halbinsel mit der Altstadt und ihren Ring von massigen, runden Festungstürmen, die schlanken Kirchtürme und die bunt glasierten Keramikkuppeln. Dahinter liegt die weite Bucht, die durch das ferne Vorgebirge von Capo Caccia mit den weiß leuchtenden Kalkfelsen eine großartige Szenerie

Die katalanische Vergangenheit ist in den Gassen von Alghero noch präsent

schützen vom Meer her und wurden nie eingenommen. Gegen Unterwanderung auf dem Landweg schützte das Recht, alle Nichtkatalanen nachts aus der Stadt weisen zu dürfen.

Die Innenstadt ist auch heute noch fest in katalanischer Hand, vom Bäcker bis zu den Goldschmieden und Korallenschneidern. Der viele Jadeschmuck und die Korallen kommen aus Ostasien, denn die Korallengründe von Alghero und Bosa sind längst erschöpft.

■ SEHENSWERTES

ALTSTADT ★
Beim Eintritt durch eines der Stadttore fällt rasch auf, dass Alghero anders ist. Die Straßenschilder sind zweisprachig, ihre Namen wie Calle Mallorca und Calle Barcelona gehen auf die spanisch-katalanische Vergangenheit zurück. Die katalanische Sprache ist in den Gassen lebendig. Kirchen und Paläste erinnern mit ihren Fassaden, den wunderschön geflochtenen Steinornamenten um Fenster und Tore und den schweren Gewölben an den gotischen Stil Nordspaniens. Am eindrucksvollsten sind Kreuzgang und Kirche von *San Francesco* – eine Oase der Stille im Herzen der Altstadt. Ebenfalls sehenswert ist der *Palazzo Machin.*

abgibt. Beides wird durch die tiefgrüne Pineta und den langen, schneeweißen Sandstrand verbunden.

1355 nahmen spanische Truppen die Stadt nach langer Belagerung ein. Die Überlebenden wurden als Sklaven auf die Balearen verschleppt. Die Katalanen genossen Privilegien, und so wurde Alguer neben Cagliari zum wichtigsten Hafen und Handelsplatz Sardiniens. Die mächtigen Bastionen

BASTIONEN
Ein Rundgang über die Bastionen Insi-der Tipp mit Blick auf den Hafen und Capo Caccia, zielloses Schlendern auf dem alten Kieselpflaster mit den glatt gewetzten Steinplatten vermittelt mehr Eindrücke als der pflichtschuldige Besuch der bis auf San Francesco wenig sehenswerten Kirchen.

■ ESSEN & TRINKEN ■

MACHIAVELLO

Einfache Osteria mit guter Küche mitten in der Altstadt, junges Publikum. *Di geschl.* | *Bastioni Marco Polo 57* | *Tel. 079 98 06 28* | €€

AL TUGURI

Anregend sind die kreative Meeresküche und die interessanten Gäste. Platz ist in dem mit Gefühl umgebauten Altstadthaus jedoch wenig, deshalb sollten Sie reservieren. *So geschl.* | *Via Maiorca 113* | *Tel. 079 97 67 72* | €€ – €€€

■ EINKAUFEN ■

Korallen, Gold- und Silberschmuck bekommen Sie in der Via Roma, Via Carlo Alberto und Via Columbano. Weniger der Laden als der Preis entscheidet über die Qualität. Kunsthandwerk gibt es bei *Marogna* an der *Piazza Civica 34,* eine Goldschmiedin zwischen modern und traditionell ist *Rosanna Scala (Via Sassari 182).* Die *Markthalle* ist in der *Via Sassari.*

■ ÜBERNACHTEN ■

RIVIERA

1 km von der Altstadt entfernt und nicht weit von Sandstrand und Ufer-promenade logieren Sie in diesem von den Besitzern persönlich geführten Ferienhotel. *55 Zi.* | *Via Fratelli Cervi 6* | *Tel. 079 95 12 30* | *Fax 079 98 41 19* | *www.hotelriviera-al ghero.com* | €€€

SAN FRANCESCO

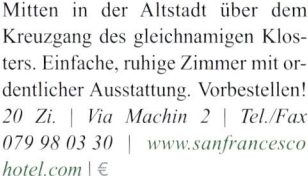

Insider Tipp

Mitten in der Altstadt über dem Kreuzgang des gleichnamigen Klosters. Einfache, ruhige Zimmer mit ordentlicher Ausstattung. Vorbestellen! *20 Zi.* | *Via Machin 2* | *Tel./Fax 079 98 03 30* | *www.sanfrancesco hotel.com* | €

VILLA LAS TRONAS ☼

Einst eine Sommervilla der italienischen Königsfamilie, direkt am Meer. *29 Zi.* | *Lungomare Valencia 1* | *Tel. 079 98 18 18* | *Fax 079 98 10 44* | *www.hotelvillalastronas.it* | €€€

■ SPORT & STRÄNDE ■

BOOTSFAHRTEN/ SCHIFFSAUSFLÜGE

Ausflüge zur Grotta di Nettuno und Rundfahrten, teils mit Glasbodenboot, starten im Hafen.

STRAND

Lido San Giovanni: Pineta mit feinem Sand, neben Lidobetrieb auch

MARCO POLO HIGHLIGHTS

⭐ **Altstadt**
Die Stadt Alghero ist von ihrer katalanischen Vergangenheit geprägt (Seite 44)

⭐ **San Pietro di Sorres**
Im 12. Jh. von toskanischen Baumeistern errichtete Klosterkirche (Seite 55)

⭐ **Spaziergang im Temotal**
Von Bosa durch fruchtbare Gärten zur Kirche San Pietro Extramuros (Seite 48)

⭐ **Insel Asinara**
Nationalpark mit unberührter Natur und unverbauter Küste (Seite 47)

freie Strände; erstreckt sich 5 km lang bis Fertilia; Stadtbus.

■ AM ABEND ■

Am meisten los ist in der Altstadt, in den Bars und Eisdielen an der ▶▶ Piazza Sulis und am Lungomare Colombo bis zur Torre San Giacomo.

■ AUSKUNFT ■

Piazza Portoterra | 9 – Plaça del Portal | Tel. 079 97 0 54 | www.co mune.alghero.ss.it

■ ZIELE IN DER UMGEBUNG ■

DOMUS DE JANAS

Eine große Nekropole mit zahlreichen Grabkammern ist von Alghero leicht zu erreichen: *Anghelu Ruiu* [118 A4] *(März–Sept. tgl. 9–20 | Okt.–Feb. tgl. 9.30–16 Uhr)* liegt an der Straße nach Porto Torres kurz nach der Abzweigung zum Flughafen.

GROTTA DI NETTUNO UND CAPO CACCIA   [118 A4]

Hinter Fertilia ändert die Küste ihren Charakter, schroffe Kalkberge treten bis ans Ufer, erst noch sanft, dann am Capo Caccia als Wand, 200 bis 300 m steigt sie senkrecht aus dem Meer. Stichstraßen führen zu den Strandbuchten und Feriensiedlungen *Spiaggia delle Bombarde* und *Maristella,* wo auch die großen Ferienhotels stehen.

✳ Die Nuraghenfestung *Palmavera,* ganz aus dem weißen Stein der Gegend gebaut, ist nicht nur wegen ihrer Lage knapp 10 km nordwestlich dicht an der Küste und der sehr sorgfältigen Bearbeitung der Steine ungewöhnlich. Die Anlage besaß eine starke Ringmauer und einen zweitürmigen Zentralbau. In der Rundhütte am Eingang wurden wohl Beratungen geführt, ein Thron aus Sandstein

Wer die 652 Stufen scheut, erreicht die Grotta di Nettuno auch per Boot

und die umlaufende Steinbank sprechen dafür. Die tiefe Bucht *Porto
Conte* ist einer der besten Naturhäfen
im Mittelmeer; längs der Straße reihen sich Pinienhaine, und der Strand
ist großenteils frei zugänglich.

Zum Leuchtturm 25 km westlich
auf dem ❄ *Capo Caccia* steigt dann
die Straße an und endet über der
*Grotta di Nettuno (April–Sept. tgl. 9–
19 | Okt. 10–17 | Nov.–März 9–
14 Uhr),* zu der der Treppenweg Es-
cala de Cabriol 200 m tief mit 652
Stufen hinabführt. Die Aussicht auf
Alghero und die Küste Richtung
Bosa ist überwältigend. Über den
Rücken des Kaps biegt 2 km vorher
ein Weg durch die windzerzauste
Macchia ab, der Weg zur Küste im
Norden. Die Höhle, die auch von
Alghero und Porto Conte mit dem
Boot erreichbar ist, zählt zu den
schönsten und größten Meeresgrot-
ten. Führungen durch die Märchen-
welt von Tropfstein, Seen und großen
Hallen finden stündlich statt.

PORTO FERRO, ARGENTIERA, STINTINO UND ASINARA

Nördlich von Porto Conte und Capo
Caccia kommen noch einmal Sandstrände mit Dünen und Zwergpalmen, die nur hier und auf der Sinishalbinsel natürlich vorkommen, dann
wird bis zur Nordwestspitze am
Capo del Falcone die Küste steil und
selbst vom Meer her fast unzugäng-
lich. Nach *Torre del Porticciolo* und
Porto Ferro [118 A4] führen Stichstraßen, zwischen den beiden Buchten begleiten Sie nur Dünen, flaches
Kliff und Einsamkeit.

Durch urbar gemachtes Gebiet
und anschließend auf schlechter

Straße durch die kahlen Hügel der
Nurra geht es über den Weiler Palmadula zu den verlassenen Silberberg-
werken *Argentiera* [118 A4] 35 km
nördlich, wo im 19. Jh. ein wahrer
Spekulationsrausch stattfand, nachdem durch verbesserte Schmelzver-
fahren die Schlackenhalden, die Römer und Punier hinterlassen hatten,
noch einmal das begehrte Metall her-
gaben. Die meisten Schatzsucher kamen finanziell unter die Räder oder
erst gar nicht zum Zug, wie schon
1838 der französische Romancier
Balzac. Um den Verladehafen liegt
ein kleiner Strand mit gutem Tauch-
revier, wenn es der Wellengang er-
möglicht.

Erst kurz vor Stintino wechselt die
Straße auf die sanfte Ostseite der
Halbinsel. Die ehemaligen Salinen-
teiche und die Gebäude der Tonnara,
wo Thunfische geschlachtet und kon-
serviert wurden, sind ein modernes
Segelsportzentrum. *Stintino* [118 A3]
60 km nördlich liegt um eine kleine
Hafenbucht herum, ein nettes und
außerhalb der Hochsaison ruhiges Fischerdorf mit bunten Häusern, Gärt-
chen und Straßenbäumen. Unter-
kunft und Essen finden Sie in der re-
novierten Pension *Geranio Rosso –
Da Alberto (7 Zi. | Tel. 079 52 32 92 |
Fax 079 52 32 93 | €€)* im Ort, wo
frisch zubereitet wird, was die Boote
mitbringen. Gegenüber von Asinara
beim Capo del Falcone liegt der
lange Strand von Pelosa. Starke Zer-
siedlung und Bauspekulation haben
hier sehr viel von der kargen Natur
zerstört.

Bis 1884 lebten nur Fischer und
Hirten auf der ★ Insel *Asinara*
[118 A2]. Von 1896 bis 1998 war sie

Strafkolonie und gefürchtetes Hochsicherheitsgefängnis. Auf der Insel werden heute weiße Esel gezüchtet, die dem Eiland aber nicht, wie man vermuten könnte, seinen Namen gegeben haben. Der leitet sich tatsächlich vom lateinischen Sinuaria wegen der vielen Buchten ab. Die Insel ist jetzt Nationalpark und kann nur geführt besucht werden. Eintrittskarten (einschließlich Überfahrt von Stintino oder Porto Torres ab 22 Euro) erhalten Sie telefonisch beim Nationalpark *(Via Iosto 7 | Porto Torres | Tel. 079 50 33 88 | Fax 079 50 14 15 | www.parcoasinara.org).*

>LOW BUDGET

> Das Gartenlokal *Sbisà* mit preiswerter venezianisch-sardischer Küche befindet sich 5 km nördlich von Alghero *(Tgl. | Fertilia | Via Pola | Tel. 079 93 01 22).*

> Die günstige Jugendherberge *Hostal de Alguer* (100 Betten | Via Parenzo – Fertilia | Tel. 079 93 04 78 | *www.ostellionline.org)* liegt 7 km nördlich von Alghero in Strandnähe.

> Die Führung durch die historische Weinkellerei von *Sella & Mosca* bei Alghero ist gratis *(Piano di Sotgiu/Alghero | Juni–Okt. tgl. 17.30 Uhr).*

> Das *Ostello Golfo di Asinara* seht am Strand Lu Bagnu 4 km westlich von Castelsardo (65 Betten | Mai–Okt. | Tel. 079 47 40 31 | *www.copergo.it* | €).

> Die *Jugendherberge* von Bosa Marina (64 Betten | Tel./Fax 07 85 37 50 09 | *www.valevacanze.com)* steht an der Temo-Mündung. Günstige Übernachtungsmöglichkeit.

BOSA

[124 B4] Die Kleinstadt (7800 Ew.) liegt 4 km landeinwärts im Flusstal des Temo, der bis zur Brücke am oberen Stadttor gegenüber der Kathedrale als einziger Fluss Sardiniens schiffbar ist, natürlich nur für kleine Boote. Am Temo entlang führt eine mit Palmen bestandene Uferpromenade. Gegenüber liegen die verlassenen Gerbereien *sas Conzas.* In der Altstadt, fast ganz aus dem rosafarbenen Trachytstein der Umgebung gebaut, herrscht auf Straßen und Plätzen mit dem alten Kieselpflaster, in den verwitterten Palästen und engen Gassen ruhige Ländlichkeit. Frauen sitzen mit ihren Filetarbeiten vor den Haustüren. Die Männer zieht es mehr in die dunklen Gewölbe, wo der berühmte Malvasierwein ausgeschenkt wird, oder in die altmodisch kargen Bars.

Inside Tip

■ SEHENSWERTES ■

CASTELLO DEI MALASPINA

Durch die Altstadt führt ein Treppenweg zur von den Genuesen errichteten Burg mit Mauerring und Türmen.

SPAZIERGANG IM TEMOTAL ★

Von der Temobrücke führt eine kleine Straße (30 Minuten Fußweg) durch die fruchtbaren Gärten im Tal zur romanischen Kirche *San Pietro Extramuros,* die zwischen dem 11. und 13. Jh. von burgundischen Baumeistern errichtet wurde.

■ ESSEN & TRINKEN ■

RICCARDO

Eine richtige Dorftrattoria 10 km außerhalb, wo es Wildgemüse, Bohnen, Lamm und Zicklein, Schwein, aber auch guten Fisch gibt, dazu Wein aus eigener Produktion. *Di geschl. | Via Vittorio Emanuele in Magomadas | Tel. 078 53 56 31 |* €

insider tipp ZIA GIOVANNA

Im 25 km entfernten *Padria* hinter der sehenswerten romanischen Kirche: altmodisch und eng, herzliche Atmosphäre, frische Hausfrauenküche. *Sa geschl. | Tel. 079 80 70 74 |* €

EINKAUFEN

Die Goldschmiedekunst und die Korallenverarbeitung haben in Bosa Tradition. Sehr schön gearbeitete Stücke bekommen Sie bei *Antonio Sotgiu (Viale della Repubblica 14)* und bei *Vadilonga (Corso Vittorio Emanuele 48)*.

ÜBERNACHTEN

insider tipp CORTE FIORITA

In zwei stilvoll ausgebauten Häusern der Altstadt sind 40 Zimmer bzw. Ferienwohnungen untergebracht, vom ✳ Haupthaus geht der Blick auf den Fluss. *Lungotemo 45 | Tel. 07 85 37 70 58 | Fax 07 85 37 20 78 | www.albergo-diffuso.it |* €€ – €€€

SA PISCHEDDA

Ein kleines, einfaches Haus mit mehr als 100-jähriger Geschichte am Temo. Restaurant mit Garten und kreativer Meeresküche *(im Winter Di geschl. |* €€*). 7 Zi. | Via Roma | Tel. 07 85 37 30 65 | Fax 07 85 37 20 00 | www.hotelsapischedda.it |* € – €€

SPORT & STRÄNDE

Der oft überlaufene Strand der Marina und südwärts der in Turas sind aus dunkelgelbem Sand. Ausgezeich-

Blick auf das idyllische Bosa am Temo

nete Tauchmöglichkeiten gibt es an der Küstenstraße nach Alghero in ▶▶ *Torre Argentina* an der bizarren Steinküste mit ihren leuchtenden Farben; das ist jedoch schon bei geringer Brandung riskant.

AUSKUNFT

PRO LOCO M. MELIS

Via Azuni 5 | Tel./Fax 07 85 37 61 07 | www.infobosa.it

ZIELE IN DER UMGEBUNG

MACOMER   [125 D4]

Macomer (11 000 Ew., 35 km östlich) ist von einem Nuraghenring umgeben, der längs der Straße gut sichtbar ist. Am eindrucksvollsten ist der ☀ *Nuraghe Santa Barbara* an der Schnellstraßenumgehung (Parkplatz), mit 15 m Höhe einer der höchsten. Anders als der neue, nüchterne Ort hat der ☀ alte, dörfliche Kern viel Stimmung und eine gute Sicht auf die fernen Berge der Barbagia.

SANTA SABINA [125 E4]

Wie das Christentum alte Heiligtümer für den neuen Glauben nutzte, zeigt diese kleine byzantinische Landkirche knapp 50 km östlich bei Silanus, die direkt neben einem Nuraghen steht.

Insider Tipp

IL TRENINO ☀ [124 B4]

Die Schmalspurbahn fährt von Bosa Marina in vielen Serpentinen und mit großartiger Aussicht auf die Steilküste nach Tresnuraghes hinauf. Auf der Strecke verkehren heute nur noch touristische Sonderzüge an den Wochenenden im Juli und August.

CASTELSARDO

[118 C3] Das Küstenstädtchen (5200 Ew.) mit seiner ☀ *Rocca*, der Genuesenburg, und dem markanten Kirchturm mit glasierter Kachelhaube nimmt einen Felsenklotz direkt über dem Meer ein. Enge Gassen und Treppenwege machen die Altstadt zu einem Fußgängerreservat, wo die Alten gern vor der Haustür sitzen, die Frauen sticken oder Schüsseln aus buntem Bast flechten. Diese romantische Szenerie hat Castelsardo zu einem stark besuchten Ferienort gemacht, obwohl die Strände in Ortsnähe klein, kahl und steinig sind.

■ SEHENSWERTES

KATHEDRALE

Im Inneren präsentiert sich die Kathedrale spätgotisch. Der Flügelaltar des „Meisters von Castelsardo" stammt aus dem 15. Jh.

■ ESSEN & TRINKEN

CORMORANO

Fisch und Meeresfrüchte – das Angebot richtet sich nach dem Tagesfang. *Di geschl.* | *Via Colombo 5* | *Tel. 079 47 06 28* | €€

DA MARIA GIUSEPPA

Bodenständige Trattoria an der Straße zur Altstadt. *Mo geschl.* | *Via Nazionale 20* | *Tel. 079 47 06 61* | €

■ ÜBERNACHTEN

NADIR ☀

Neues Hotel in Panoramalage über der Steilküste. *32 Zi.* | *Via Colle di Frigiano 1* | *Tel. 079 47 02 97* | *Fax 079 47 93 73* | *www.hotelnadir.com* | €€ – €€€

■ STRÄNDE

Die Strände von ▶▶ Valledoria und Badesi bieten gute Bademöglichkeiten. Surfbrettverleih über die Campings in Valledoria. Marina di Sorso und Platamona sind flache Feinsandstrände mit Pineta, ideal für Kinder.

■ AUSKUNFT

PRO LOCO

Piazza del Popolo | *Tel. 079 47 15 06* | *proloco.castelsardo@tiscali.it*

■ ZIEL IN DER UMGEBUNG

ANGLONA [118 C3–4]

Hinter der Küste beginnt das undramatische Bergland der Anglona, kahl, mit weiten Ebenen, kleinen Dörfern, einigen schönen Landkirchen – eine Fahrt durch das touristische Abseits Sardiniens. Gleich zu Beginn der Straße, die ins Land nach Sedini führt, steht der berühmte *Elefant von Castelsardo,* ein verwitterter Trachytfelsen, weit größer als ein Elefant, mit Steinrüssel. Der Hohlraum im Inneren war ein prähistori-

SASSARI

 KARTE IN DER HINTEREN UMSCHLAGKLAPPE

[118 B4] Als nach dem Ende des Römischen Reiches wegen der Unsicherheit der Küsten und wegen Malaria die antike Hafenstadt Turris (heute Porto Torres) von ihren Bewohnern aufgegeben wurde, gründeten sie im Landesinneren die neue

Markant ist die glasierte Kachelkuppel des Kirchturms in Castelsardo

sches *domus de janas,* eine Begräbnisstätte. Im Dorf *Sedini* gut 15 km südlich stehen Häuser, die in *domus de janas* hineingebaut sind. Hinter Bulzi geht eine Stichstraße zur Pisanerkirche *San Pietro di Simbranos,* einsam gelegen, ein Zebra aus weißen und schwarzen Intarsien. Von Martis führt ein Feldweg zum versteinerten Wald *(Parco Carrucana).*

Stadt Sassari. Sassari (117 000 Ew.) war immer eine lebhafte Handelsmetropole, genoss Freiheiten und Vorrechte, selbst in den Zeiten schlimmster Feudalherrschaft wie unter den spanischen Vizekönigen.

Der erste Eindruck von Sassari ist der einer modernen, sauberen und sichtbar wohlhabenden Stadt. Die vollkommen intakte Altstadt, die sich in den letzten Jahrzehnten zum Teil merklich entvölkert hatte, belebt sich wieder. Sie ist wohnlich mit ihren engen, großenteils nicht von Autos befahrbaren Gassen und den hellen, oft fast dörflichen Häusern und kleinen Plätzen. Nahe dem Bahnhof beginnt der Corso Vittorio Emanuele II, die Haupteinkaufs- und Flanierstraße der

Pisanische Romanik: Fassade der Santissima Trinità di Saccargia

Stadt, die an der Piazza d'Italia endet, wo im 19. Jh. der Staat mit riesengroßen Verwaltungsbauten Präsenz zeigte.

■ SEHENSWERTES ■

DOM
Ab dem 14. Jh. in katalanischer Gotik erbaut, die im Inneren noch erhalten ist. Die Fassade wurde im 17. und 18. Jh. im schnörkeligen spanischen Kolonialbarock umgestaltet.

MUSEO ARCHEOLOGICO ETNOGRAFICO SANNA
Zurzeit ist nur die archäologische Abteilung geöffnet. Sie beherbergt Funde aus allen Perioden der sardischen Vor- und Frühgeschichte. Die Nuraghenzeit nimmt den größten Raum ein, u.a. mit Kleinbronzen, Menhiren (Steinsäulen) und Waffen. *Via Roma | Di–So 9–19.30 Uhr*

MUSEO FRANCESCO BANDE
Insider Tip

Die Sammlung des sardischen Volksmusikers Francesco Bande (1930–1988) zeigt Musikinstrumente (Ziehharmonikas) und Trachten aus seinem Heimatort Bultei. *Via Muroni 44 | Mo–Fr 10–12 und 18–20 Uhr | www.museobande.com*

SAN PIETRO DI SILKI
Die viel besuchte Wallfahrtskirche liegt am Stadtrand von Sassari. Innen harmonisches Zusammenspiel von schlichtem romanischem Mittelalter und feierlichem Barock. *1,5 km Richtung SS 131*

SANTA MARIA DI BETLEM
Einst vor der Stadt gelegen, erinnert die Kirche heute durch die Kuppel

und den schlanken Rundturm an eine Moschee. Die romanische Fassade ist noch gut erhalten. Innen stehen die neun bunten, mit Flitter geschmückten Riesenkerzen aus Holz, die am 15. August – am Vorabend von Maria Himmelfahrt – während der Prozession der Berufsstände feierlich durch die Straßen der Stadt getragen werden. *Piazza Santa Maria*

ESSEN & TRINKEN

LA VELA LATINA

Das preiswerte Lokal in der Altstadt von Sassari ist bis heute der kräftigen Küche der kleinen Leute treu geblieben. *So geschl. | Largo Sisini 3 | Tel. 079 23 37 37 | €–€€*

EINKAUFEN

ISOLA

Hier gibt es Kunsthandwerk, vor allem aus Nordwestsardinien, schöne Teppiche aus Nule, Taschenmesser aus Pattada. Stöbern Sie nach Mitbringseln! *Viale Mancini 2*

ÜBERNACHTEN

FRANK HOTEL

Ein gutes Mittelklassehotel, ruhig in der Neustadt gelegen. *103 Zi. | Via Diaz 20 | Tel./Fax 079 27 64 56 | www.frankhotel.com | €€*

AUSKUNFT

Via Roma 62 | Tel. 079 23 17 77 | www.comune.sassari.it

> BÜCHER & FILME

Leidenschaftliche Romane und spannende Biografien

> **Padre Padrone** – Die tatsächliche Lebensgeschichte von Gavino Ledda aus Siligo, der als Kind von seinem Vater von der Schule genommen wurde und ein hartes Leben als Hirtenjunge führte, erst beim Militär Lesen und Schreiben lernte und später Universitätsdozent wurde. Der Bestseller wurde 1977 von Paolo und Vittorio Taviani mit Nanni Moretti an Originalschauplätzen verfilmt.

> **Marianna Sirca** – Der Roman von 1915 erzählt von der leidenschaftlichen Liebe einer jungen Frau aus reicher Familie und dem stolzen Banditen Simone Sole in der rauhen Bergwelt der Insel. Die meisten sardischen Buchautoren blieben bisher außerhalb Italiens unentdeckt. Lediglich einige Romane der aus Nuoro stammenden Nobelpreisträgerin von

1926, Grazia Deledda, wurden ins Deutsche übersetzt.

> **Die blaue Zunge. Ein Fall für Avvocato Bustianu** – Der geheimnisvolle Mord an einer jungen Frau lässt dem eigenwilligen Anwalt Bustianu keine Ruhe. Einer der spannenden Krimis von Marcello Fois, dessen Advokat in und um Nuoro aktiv ist.

> **James Bond – Der Spion, der mich liebte** – Szenen des Thrillers von 1976/77 mit Roger Moore und Curd Jürgens wurden an der Costa Smeralda gedreht.
Die Steppenlandschaft der Sinishalbinsel diente einigen Italo-Western als Drehort. Berge, Meer und Küsten sind oft Aufnahmeort für Werbung. Filme von sardischen Produzenten kommen jedoch kaum aus Sardinien hinaus.

SASSARI

■ ZIELE IN DER UMGEBUNG ■

KLEINBAHNFAHRT NACH
TEMPIO UND PALAU   [118–119 B–D3]

Schon nach wenigen Kilometern der zweistündigen Fahrt (nach Palau vier Stunden) gibt es auf beiden Seiten des Schienenstrangs in Serpentinen Weite und Einsamkeit, Nuraghen, Landkirchen, Bergnadeln und Mauern. An der Brücke über den Coghinas wechselt die Landschaft. Rote Granitmassen türmen sich auf, dazwischen schwarzgrüne Macchia. *Nur Juni–Sept. (Sonderzüge) | Linienverkehr bis Nulvi*

LOGUDORO

Das Logudoro und die Tafelberge des Meilogu lieferten im Mittelalter Pferde an die Stadtrepubliken Mittelitaliens. Überlebt hat die Pferdezucht in den beiden staatlichen Gestüten Chilivani und Foresta di Burgos, wo Rennpferde gezüchtet werden. Direkt an der Straße nach Olbia steht, schon von weitem sichtbar, die Kirche *Santissima Trinità di Saccargia* [118 C4]. Die reiche Fassade und der Portikus gehören zu den Meisterwerken pisanischer Baukunst. Insbesondere die Steinintarsien des Giebels und die Tierkapitelle und Friese der Portalbögen sowie der schlanke Turm sind bemerkenswert. Am Rand des nahen Dörfchens *Codrongianos* wurde ein altes, von einem Park und Obstgarten umgebenes Herrenhaus zum Hotel ausgebaut: *Hotel Funtanarena | 9 Zi. | Tel. 079 43 50 48 | Fax 079 21 61 79 | www.funtanarena.it | €€*

Hochebenen und Tafelberge prägen die Landschaft des Logudoro

❯ www.marcopolo.de/sardinien

🌿 *Ardara* [125 D1] liegt knapp 30 km südöstlich auf einer Bergkuppe mit weitem Blick über die Logudoroebene. Das kleine Dorf wird von dem „schwarzen Dom" *Santa Maria del Regno,* der Krönungskirche der sardischen Könige zur Zeit der Judikate, überragt. Sie wurde um 1107 von toskanischen Meistern erbaut. Dicke Säulen mit wuchtigen Blattkapitellen trennen die drei Schiffe. Schon beim Eintritt fällt der Blick auf das Altarbild aus dem 16. Jh., das den Raum in seiner ganzen Höhe und Breite ausfüllt und mit dem Glanz von Gold und Farben in den dunklen Raum hineinstrahlt.

Ittireddu [125 E1] ist eines der kleinen Hirtendörfer am Rand der *Valle dei Nuraghi.* Nur in wenigen anderen Teilen der Insel liegen vorgeschichtliche Stätten so dicht beisammen. Im Rathaus ist ein neues, beachtliches *Museum für Vorgeschichte und Volkskultur (tgl. 10–13 und 16–19 | Winter 15–18 Uhr)* untergebracht. Die Trachten, Teppiche, Decken, Arbeitsgeräte und Hausrat sind Stücke aus der jüngsten Vergangenheit und Gegenwart. In die Umgebung führen gekennzeichnete *archäologische Spaziergänge* zu *domus de janas,* Brunnen, Kammergräbern und Nuraghen. An der Straße nach Mores führt 2 km hinter der Kreuzung ein Fahrweg nach links zum Dolmen *Sa Coveccada* (45 Minuten Fußweg).

Die Kirche ⭐ 🌿 *San Pietro di Sorres* [124 C1–2], oberhalb von Borutta, wurde im 12. Jh. von toskanischen Baumeistern errichtet und besitzt die am reichsten geschmückte Fassade sardischer Pisanerkirchen, mit Einlegearbeiten aus bunten Steinen und filigranen Friesen. Im Inneren kontrastieren die Wände aus hellem Kalkstein mit der Decke aus schwarzem Basalt.

Mitten in der weiten Talebene steht machtvoll die nuraghische Königsburg *Sant'Antine* [125 D2]. Über die dreieckige Festung erhebt sich 14,4 m hoch der Zentralturm; Schießscharten und Pechnasen sind deutlich zu sehen. Die dunklen Gänge und Treppen im Inneren und der Innenhof mit Brunnenloch lassen die Fähigkeit der damaligen Baumeister bewundern, ohne große technische Hilfsmittel solche Steinmassen zu bewegen und aufzutürmen, die noch nach 2500 oder mehr Jahren stehen. Erklärungen dazu geben die Modelle und Bildtafeln im *Museo della Valle dei Nuraghi (Museum und Nuraghe tgl. 8.30–20.30 | Okt.–März 9–18 Uhr)* im nahen Torralba.

Von *Bonorva* [125 D3], einem Hirtendorf mit Deckenwebereitradition, kommen Sie zu den *domus de janas* von *Sant'Andria Priu* [125 E3] *(tgl. 10.30–13 und 15.30–19 Uhr),* einer Reihe von Grabkammern in einer Felswand, die innen plastisch gearbeitet und zum Teil durch Gänge miteinander verbunden sind.

PORTO TORRES [118 B3]

Die nüchterne Hafen- und Industriestadt knapp 20 km nordwestlich ist wenig einladend. Die Basilika *San Gavino,* ein Meisterwerk romanischer Kirchenbaukunst, ist der größte Sakralbau der Insel. Sie leidet allerdings unter der wenig ansprechenden Umgebung. Die Säulen der im 11. und 12. Jh. gebauten Kirche stammen von römischen Tempeln.

> HIER WURDE GESCHICHTE GEMACHT

Die fruchtbare Ebene und die Silberbergwerke zogen Eroberer und Fremdherrscher ins Land

> **Das fruchtbare Herz der Insel ist die weite Ebene des Campidano mit endlosen Weizenäckern, Weinfeldern und Gemüseanbau. Im Winter und Frühjahr werden die Orangen reif, wachsen Frühgemüse unter Plastikzelten und auf den Stoppelfeldern weiden Hunderttausende von Schafen.**

Das Campidano, die erzreichen Berge um die alte Bergbaumetropole Iglesias, die weiten Basalthochebenen vor den Bergen der Barbagia und das sanfte Hügelland der Marmilla, wo die Dörfer kleiner und freundlicher sind als sonst in Sardinien, haben seit jeher die Eroberer angelockt. Sardinien war begehrt wegen Silber und Weizen.

Die großen Lagunenseen der Sinishalbinsel bei Oristano, östlich der Insel Sant'Antioco und im Südosten um Muravera und die Flumendosamündung sind einzigartige Vogelparadiese, wo Kormorane, Reiher und Zehntausende von Flamingos leben.

> *www.marcopolo.de/sardinien*

DER SÜDEN

Santa Margherita di Pula, Villasimius und Muravera sind nicht nur durch die Nähe zur Großstadt Cagliari besuchte Ferienorte geworden, ihr Reiz liegt in der meist lockeren Bebauung mit viel Grün, den langen Sandstränden und kleinen Buchten. Bis auf wenige stark besuchte Küstenabschnitte gibt es am Meer noch viel Platz, sogar in der Hochsaison.

Das Hügelland und die Basalthochebenen sind ein archäologisches Freilichtmuseum mit Nuraghen, Brunnenheiligtümern, Menhiren und großen Steinsetzungen, fast immer einsam in der Weite der Landschaft.

Monte Linas, Sulcis und Sette Fratelli sind mit ihren artenreichen Bergwäldern zu Biosphäreschutzgebieten der Unesco erklärt worden.

Während Oristano und Iglesias ruhige Ländlichkeit ausströmen, ist Cagliari eine laute und aktive, bisweilen hektische mediterrane Hafenstadt.

Vielfach umgebaut: Die Säulenfassade der Kathedrale stammt aus dem 20. Jh.

CAGLIARI

KARTE IN DER HINTEREN UMSCHLAGKLAPPE

[121 D5] In der Hauptstadt Sardiniens leben, zusammen mit den Vororten, die sich nahtlos anschließen, 350 000 Menschen. Das alte Cagliari liegt beherrschend auf einem Felsplateau über der Ebene des Campidano, die hier in Lagunenseen und Salinen in den weit geschwungenen Golf von Cagliari ausläuft. Als vor 2700 Jahren die Punier in Sardinien landeten, war Karalis mit seinem Naturhafen eine ihrer ersten Gründungen.

Jede Periode hat ihre Spuren hinterlassen; die der Punier ist in der folgenden römischen Kultur aufgegangen. Bis auf das mittelalterliche Castello mit dem Dom, die Paläste von Erzbischof, Vizekönig und Adelsfamilien dominieren barocke Fassaden und Kuppeln in der Altstadt. Drei Viertel dieser Altstadt legen sich um den Burgberg. Die Stadt ist auf zehn Hügeln erbaut.

■ SEHENSWERTES

BOTANISCHER GARTEN

Insider Tip

Im Univiertel westlich der Innenstadt und unterhalb des römischen Theaters gelegen, bietet der *Orto Botanico* einen guten Überblick über die sardische und mediterrane Flora. *April–Sept. tgl. 9–13 und 15.30–19.30 | Okt.–März 9–13 Uhr | Via Fra Ignazio da Laconi*

CASTELLO

Die Altstadt auf dem Berg ist wie eine Burg befestigt und noch immer nur durch die beiden Stadttore zu betreten. Die beiden hohen Türme, die Torre San Pancrazio und die Torre dell'Elefante mit ihren Steinelefanten, sind Werke pisanischer Architekten des Hochmittelalters.

> *www.marcopolo.de/sardinien*

Der heutige Zugang von der Via Manno über die 🌿 ▶▶ *Bastione di San Remy* wurde erst im 19. Jh. geschaffen, als die Aussichtsterrassen angelegt wurden. In die dunklen, von hohen, vielfach verlassenen und halb zerstörten Palästen gesäumten Straßen des *Casteddu,* wie die Sarden das Viertel nennen, kommt allmählich wieder etwas Leben, nachdem junge Kunsthandwerker, Goldschmiede und Restauratoren in die fast nur noch von Alten und Armen bewohnten Häuser und ihre engen Höfe ziehen. Nur die breite Via Martini, die Kathedrale und Bischofspalast mit der Piazza Indipendenza an der Torre San Pancrazio verbindet, wo Nationalmuseum und Präfektur in alte Adelspaläste umzogen, vermittelt noch ein Bild alten Glanzes.

CATTEDRALE (DOM)

Die Säulenfassade von 1933 ist dem Dom von Pisa nachempfunden. Das Innere ist schwerer, pompöser Knorpelbarock. Die zahlreichen spanischen Inschriften zeigen die einstige Zugehörigkeit zum Weltreich. Am Eingang steht die marmorne Guglielmo-Kanzel mit Reliefs aus dem Leben Jesu, die 1159 bis 1162 für den Dom von Pisa geschaffen wurde. Als dort 1311 die Kanzel von Giovanni Pisano vollendet wurde, kam das ältere Stück nach Cagliari.

NATIONALMUSEUM (MUSEO NAZIONALE) ⭐

Die reichste und umfassendste Sammlung vorgeschichtlicher und antiker Funde Sardiniens ist in der neuen *Cittadella dei Musei* (die außerdem eine Pinakothek mit sardischer Malerei des 16./17. Jhs. beherbergt) am höchsten Punkt der Stadt untergebracht, die künftig noch weitere Ausstellungen und Museen aufnehmen wird. Den meisten Raum nimmt die Nuraghenkultur ein; beeindruckend ist die Sammlung der kleinen Bronzestatuetten, die als Weihgaben in den Brunnenheiligtümern niedergelegt wurden. Krieger, oft mit vier Augen, vier Armen, zwei Schilden, sind ein häufiges Motiv, aber auch Tiere, Muttergottheiten und Boote mit Tieren und Menschen. Viel fremdartiger für uns sind die Funde aus der Punierzeit: Neben fili-

MARCO POLO HIGHLIGHTS

granem Schmuck und feinen Glas- und Steinschneidearbeiten sehen Sie abschreckend grobe Bildwerke aus Stein mit Bildern der Götter, denen zumindest in der Frühzeit die erstgeborenen Kinder geopfert wurden. *Di–So 9–20 Uhr | Piazza Arsenale*

SAN SATURNINO

Dieser einfache, flache Kuppelbau ist Sardiniens ältester Kirchenbau und stammt aus dem 5. Jh., wurde aber im 11. und 12. Jh. verändert. Die auch Santi Cosma e Damiano genannte Kirche liegt in einem kleinen Park mit Pinien und Palmen östlich der Innenstadt.

SANTA MARIA DI BONARIA

Wer mit dem Schiff ankommt, sieht die Kirche mit ihrer wuchtigen Barockfassade und Freitreppe östlich der Innenstadt auf einem Hügel liegen. Es ist eine viel besuchte Wallfahrtskirche und dient zugleich als großartiger Aussichtspunkt auf die Stadt und den weiten Golfo degli Angeli. 1370 soll hier ein wundertätiges Madonnenbild gestrandet sein, nachdem es in einer Kiste von einem Schiff in Seenot über Bord geworfen wurde. Die Madonna wurde Schutzpatronin der Fischer und Seeleute und, seit 1908, auch der Insel Sardinien. Im Kreuzgang zeigen zahlreiche Votivbilder die große Beliebtheit und Bedeutung der Wallfahrtskirche.

Insider Tip

◼ ESSEN & TRINKEN ◼

Essen gehen in Cagliari ist immer ein Erlebnis. Es gibt alle Nuancen an sardischer Küche: Traditionelles und Experimentelles, Zutaten aus dem Meer und den Bergen. Wenn Sie spontan losgehen wollen, ist das Marinaviertel mit der Via Sardegna der beste Tipp.

S'APPOSENTU AL TEATRO LIRICO ▶▶

Im modern gestylten Opernhaus ist dieses elegante Lokal untergebracht, das mit einer der besten Kreativküchen Sardiniens aufwartet. Die junge Crew ist welterfahren, kauft aber ihre Zutaten bei lokalen Produzenten. *So/Mo geschl. | Via Sant'Alenixedda | Tel. 07 04 08 23 15 | www.sapposentu.it | €€€*

DAL CORSARO

Wunderschöne Jugendstileinrichtung prägt das schicke Lokal. Die Wurzeln der Küchentradition liegen dennoch in Sardinien. Von dort kommt auch die ganze Fülle an Fisch, Gemüsen, Kräutern und hausgemachtem Wein.

>LOW BUDGET

- ▶ Das *Zenit* ist ein kleines Fischlokal an der Lagune Santa Gilla westl. von Cagliari, wo frischer Fisch kein Vermögen kostet *(Mo. geschl. | Viale Pula | Tel. 070 25 00 09 | €–€€)*.

- ▶ In Calasetta/S. Antico gibt es im *Hotel Fjby* (19 Zi. | *Via Solferino 23 | Tel. 078 18 84 44 | Fax 07 81 88 70 89 | €–€€*) preiswert Quartier und Essen.

- ▶ In Tadasuni kann im Pfarrhaus das *Museum sardischer Musikinstrumente* besichtigt werden. Nach Absprache *(Tel. 078 55 01 13)*, Spende willkommen.

- ▶ Die Trattoria *Desogos* in Cuglieri *(Tgl. | Via Cugia 6 | Tel. 078 53 96 60)* bietet ländliche Gastfreundschaft mit Essen und Übernachtung.

So geschl. | Viale Regina Margherita 28 | Tel. 070 66 43 18 | €€€

FLORA

Kunst schmückt den eleganten Speisesaal. Neben Meeresküche lohnen besonders die Gemüsegerichte der Bauernküche. *So geschl. | Via Sassari 45 | Tel. 070 66 47 35 | €€*

Studenten bringen Leben in die Hauptstadt

JANNUS ▶▶

Wie in alten Fischerzeiten, sehr umtriebig und mitten im Marina-Viertel. *So. geschl. | Via Sardegna 85 | Tel. 070 65 79 02 | €*

LILLICU ▶▶

Eine der letzten Trattorien im Marinaviertel, wo es das gibt, was bei den Fischerfamilien an Festtagen auf den Tisch kam, aber auch Nudeln und Fleisch für den verwöhnteren Gaumen. *So geschl. | Via Sardegna 78 | Tel. 070 65 29 70 | €€*

▬ EINKAUFEN ▬▬▬▬

Mode kauft man wie in anderen italienischen Städten dieser Größe. Kunsthandwerk bekommt man besser auf dem Land bei den Handwerkern, Leckereien aus ganz Sardinien gibt es in Cagliari in sündhaft teuren Delikatessenläden und in den kaum billigeren Markthallen. Lohnend sind die Gold- und Silberschmieden im Marinaviertel (Via Sardegna, Via Manno) und im Castelloviertel, wo neben viel Tradition neues, sehr individuelles Design angeboten wird.

Insider Tipp

▬ ÜBERNACHTEN ▬▬▬

Schmuddelige Billigpensionen mit durchhängenden Betten, die oft fest in der Hand von Dauermietern sind, gibt es um den Bahnhof, im Marina- und im Stampaceviertel. Wer in diesen Herbergen nächtigen will, sollte sich die Bleiben genau ansehen.

AGRITURISMO SANTU MARCIALIS

Insider Tipp

Ruhiger Biohof (Ölbäume und Viehwirtschaft) 15 km vor der Stadt (gute Verbindung mit Kleinbahn und Bus), Abendessen an der großen Tafel. *5 Zi. | Soleminis | an der Umgehungsstraße von Dolianova/Serdiana | Tel./Fax 070 74 05 98 | €*

BED & BREAKFAST KRASTUM

Fein eingerichtet in einem Palast des Castello-Viertels, Blick über die Altstadt. *6 Zi. | Via Cannelles 78 | Tel. 070 66 23 04 | €€*

CAGLIARI

Einladender Sandstrand: Poetto

Hinter der Halbinsel von Capo Sant'Elia im Südosten beginnt der kilometerlange Sandstrand *Poetto* mit typisch italienischem Strandleben, also mit den Lido genannten Strandbädern mit Badehütten, Bars und Restaurants. *Stadtbusverbindung*

■ AUSKUNFT ■

Piazza Matteotti (Bahnhofsvorplatz) | Tel. 070 66 92 55 | www.comune.cagliari.it

■ ZIELE IN DER UMGEBUNG ■

CAMPIDANO   [120 B–C 2–4]

Mitten durch die Lagunen des Stagno di Cagliari führen große Schnellstraßen, an Stelle von Flamingos sehen Sie Industrieschornsteine. Die grellweißen Salzberge der Salinen sind Rohstoff für die Chemie. An der Landkirche Santa Maria am Ortsrand von *Uta* treffen sich abends Jung und Alt. Weiter geht es nach *San Sperate,* wo 1968 die ersten *murales* entstanden. Das Dorf ist wie ein Freilichtmuseum, die Menschen sind stolz auf ihre über 400 Bilder.

Insi Ti

COSTA DEL SUD UND
HINTERLAND   [120 C6]

Die ersten 12 km dieser Rundfahrt führen von Cagliari über die schmale Landzunge, die das offene Meer von den Lagunenseen und Salinen trennt, dann treten die Sulcisberge an die Küste heran, zunächst sanft und mit einer vorgelagerten Küstenebene und einem langen Sandstrand.

Dort liegt auf einer kleinen Halbinsel die römisch-punische Hafenstadt *Nora,* deren Säulen, Tempel-

CALIFFO

Großes Ferienhotel, 14 km Richtung Villasimius, Tennisplätze, strandnah, Pool. *130 Zi. | Foxi (Küstenstr.) | Tel. 070 89 01 31 | Fax 070 89 01 34 | www.hotelcaliffo.com | €€€*

ITALIA

Gutes Hotel im Marinaviertel. Vorbestellen! *113 Zi. | Via Sardegna 131 | Tel. 070 66 04 10 | Fax 070 65 02 40 | hotelitalia@tiscalinet.it | €€*

❯ www.marcopolo.de/sardinien

reste, Mosaiken und das eindrucksvolle Theater weitgehend aus der römischen Kaiserzeit stammen *(tgl. 9 Uhr–Sonnenuntergang)*. Nicht weit von den Ausgrabungen befindet sich das kleine, sympathische *Hotelrestaurant su Gunventeddu (9 Zi. | Tel. 07 09 20 90 92 | Fax 07 09 20 94 68 |*

2000 Jahre alte Pracht: Mosaik in Nora

www.sugunventeddu.com | €€) am Ort eines längst verschwundenen Klosters. Delikate Meeresküche und persönliche Gastlichkeit; Zimmer müssen vorbestellt werden.

Santa Margherita di Pula ist eine Strandsiedlung in einem 5 km langen Pinienhain. Villen und Hotels der oberen Preisklasse, Feriendörfer und Campingplätze wechseln sich ab, freie Strände und ausgerüstete Lidos, wo von der Bar bis zum Surfbrettverleih eigentlich alles zu finden ist: ein Golfplatz, Diskos und viel Verkehr, aber auch das Leben eines ganz normalen Ortes. Direkt am Strand, schön begrünt und in überschaubaren Dimensionen, innen mit sardischem Kunsthandwerk hergerichtet, liegt das Hotel *is Morus (85 Zi. | Tel. 070 92 11 71 | Fax 070 92 15 96 | www.ismorus.it | €€€).*

Torre di Chia und der Strand der anschließenden Bucht mit kleinen Lagunen wirken auf den Betrachter wie ein Traumbild: Dünen mit Wacholderbäumen und Rosmarinbüschen, Oleander, Pfade führen zu den Nachbarbuchten, am Kap ein Sarazenenturm, in seinem Schatten die Mauerreste der Römerstadt Bithia. Unterkunft im Hotel *su Giudeu (20 Zi. | Tel. 07 09 23 02 60 | Fax 07 09 23 00 02 | €–€€)* nicht weit vom Strand. Die Straße verläuft an der Küste, an den Bachmündungen finden sich kleine Buchten mit Tamarisken und etwas Sand; Wege und Pisten führen zu dem Vorgebirge ☀ *Capo Spartivento* und zu Sardiniens südlichstem frei zugänglichem Punkt, zum *Capo Malfatano.*

An der tiefen Bucht Porto di Teulada verlässt die Straße die Küste und läuft nach *Teulada,* einem großen Bauerndorf inmitten üppiger Orangengärten. Ein einfaches Dorfhotel mit wenigen Zimmern, langer Geschichte und guter Pizza und Meeresküche ist das *Sebera (Restaurant Mi geschl. | Via San Francesco 10 | Tel. 07 09 27 08 76 | Fax 07 09 27 00 20 | www.hotelsebera.it | €).*

Durch steiniges Bergland geht es weiter nach *Santadi* [120 C5] mit den *Grotte is Zuddas,* Tropfsteinhöhlen, die durch Metallsalze bunt gefärbt sind *(Mai–Sept. tgl. 9–12 und 14–18 | Okt.–April Mo–Fr 12–16, Sa/So 9–12 und 14–18 Uhr).* In Santadi ist das Restaurant *Le Grotte (Di geschl. | an der Höhle | Tel. 07 81 95 41 51 | €€)* mit hausgemachten Ravioli, Lamm und Zicklein, Pilzen und Wildgemüse zu empfehlen. Der Rückweg nach Cagliari geht über *is Pauceris* durch einsame Bergtäler mit großartigen Wäldern. Kurz vor dem Ende der Wälder bei der Kapelle Santa Lucia führt eine Naturstraße in das Naturschutzgebiet *Monte Arcosu (Mo–Fr sowie Aug./Sept. geschl. | www. isolasarda.com/arcosu_d.htm),* ein besonders schönes mediterranes Waldgebiet mit Hirschen, Wildkat-

zen, Falken und Bienenfressern. Am Eingang beginnen mehrere beschilderte Wege (zwei bis acht Stunden).

IGLESIAS

[120 B4] **Um die Stadt herum sind die Spuren von drei Jahrtausenden Bergbau unübersehbar: Seit 800 Jahren ist Iglesias Hauptstadt der sardischen Metallgewinnung.** Zuerst war es Silber, ab dem 19. Jh. dann Blei, Zink und Kupfer, die hier gefördert und verhüttet wurden.

Die Entdeckung Amerikas und seines Silbers war das Ende des sardischen Bergbaus. Erst der Wiederbeginn des Abbaus im 19. Jh. ließ Iglesias wieder auf heute 31000 Ew. wachsen. Die Zeugen des Bergbaus – Bergbausiedlungen, Förderanlagen und Halden – wurden 1998 von der Unesco als Geopark vorgeschlagen. Zurzeit werden sie restauriert und der Öffentlichkeit zugänglich gemacht *(www.minieredisardegna.it).*

■ SEHENSWERTES

ALTSTADT
Die Altstadt Iglesias', von deren turmbewehrter Stadtmauer noch Teile stehen, bietet ein unerwartetes

> BLUTIGE FAMILIENFEHDEN
Ehre und Familie standen über den Gesetzen

Blutrache und Familienfehden, die Jahrzehnte dauern konnten, gab es im Landesinneren noch bis über die Mitte des 20. Jhs. hinaus. Wo der Staat eingriff und versuchte, seine Normen durchzusetzen, entstanden neue Konflikte, und die bestehenden wurden verschlimmert. Polizei und Spezialtruppen suchten Mörder, die für die Leute in den Dörfern ihre Pflicht gegenüber der Ehre der Familie getan hatten. Spitzel kamen zum Einsatz. Verhandlungen zwischen verfeindeten Parteien waren nicht mehr möglich. Die Leute gingen in die Berge, wurden als Rechtlose gejagt, die Spirale der Gewalt ging weiter.

Blick über die Altstadt von Iglesias mit dem imposanten Dom im Vordergrund

Kleinstadterlebnis: Häuser mit schönen Schmiedeeisenbalkons, viel buntes Leben in den Straßen, Bauwerke, die den einstigen Reichtum einer lange privilegierten Stadt verraten. Der *Dom* mit strenger romanischer Fassade stammt ebenso aus dem 13. Jh. wie die vor den Mauern gelegene Bettelordenskirche *Santa Maria di Valverde,* eine riesige Halle ohne Zierrat. Vom früheren Stadttor Porta Sant'Antonio führt eine Gasse auf den Berg zur Ruine des *Castello Salvaterra* und wieder vom Tor aus auf den gegenüberliegenden Berg mit der ✿ Wallfahrtskirche *Nostra Signora del Buoncammino.*

MUSEO DELL'ARTE MINERARIA
Hier werden Führungen zu Bergbau und Technik geboten sowie ein Schaubergwerk. *Via Roma | Sa/So 18–20 | Juli/Aug. Fr–So 19–21 Uhr | www.museoartemineraria.it*

MUSEO DI MINERALOGIA
Umfangreichste Sammlung Sardiniens zu Urgeschichte, Mineralien und Bergbau. *Via Roma 45 | Mo–Sa 8.30–13.30 Uhr*

■ ESSEN & TRINKEN
GAZEBO MEDIOEVALE
Traditionelle sardische Küche mit Fleisch, Fisch und Meeresfrüchten mitten in der Altstadt. *So geschl. | Via Musio 21 | Tel. 078 13 08 71 | €€*

■ ÜBERNACHTEN
HOTEL RISTORANTE ARTU
Modernisiertes Mittelklassehotel mit Restaurant. *18 Zi. | Piazza Sella 15 | Tel. 078 12 24 92 | Fax 078 13 24 49 | www.hotelartuiglesias.it | €€*

■ AUSKUNFT
PRO LOCO
Via Roma 10 | Tel. 078 13 11 70 | www.prolocoiglesias.it

ZIELE IN DER UMGEBUNG

CARBONIA UND SULCIS [120 B5–6]

Das Dreieck Iglesias, Portoscuso, Carbonia ist trotz Schließung vieler Minen Industriegebiet geblieben; Aluminium- und Buntmetallhütten verarbeiten heute Rohstoffe aus Übersee. *Carbonia* ([120 B5], 25 km südlich), 1938 gegründet, ist eine junge Reißbrettstadt. Die Förderung der minderwertigen Braunkohle ist eingestellt. Nordwestlich wurde auf dem *Monte Sirai* von den Puniern im 6. Jh. v. Chr. eine befestigte Stadt gegründet, deren Akropolis, Straßenzüge, Tempel und Nekropole noch gut zu sehen sind *(tgl. 9–12 und 14 Uhr–Sonnenuntergang)*. Im nahen Hafenort *Portoscuso* können Sie im Insider Tipp *Restaurant La Ghinghetta (So geschl. | Via Cavour 26 | Tel. 07 81 50 81 43 | €€€)* mit sechs Gästezimmern eine der besten Meeresküchen ganz Sardiniens genießen.

Ausgangsort für die nahen Strände sind *Porto Pino* und *Porto Botte* [120 B6]. Sie liegen flach mit Uferpinienhainen zwischen Lagunenseen, deren Fischreichtum Kormorane und Reiher anzieht. Die langen Strände haben mehlfeinen Sand, und man blickt von dort zum Capo Teulada, der im Militärgebiet gelegenen Südspitze Sardiniens.

COSTA VERDE ★ ▶▶ [120 B3]

Über viele Jahre war das der Geheimtipp zivilisationsmüder Sardinienreisender, die das Auto voll Konserven packten, den Schlafsack auf dem Strand ausrollten und für Wochen blieben. Die endlosen Sand- und Dünenstrände südlich von Marina di Arbus (75 km nördlich von Iglesias) sind großenteils nur zu Fuß erreichbar. In *Torre dei Corsari* bei Porto Palma, oberhalb hoher, rotgelber Dünen, liegt in einer der neuen Feriensiedlungen das Hotel *La Caletta (32 Zi. | Tel. 070 97 70 33 | Fax 070 97 71 73 | www.lacaletta.it | €€)*. Südlich der tristen Feriensiedlung

Der (Thun-)Fischfang auf San Pietro: eine nicht unumstrittene Tradition

Marina di Arbus, wo die Straße zur nicht immer befahrbaren Piste wird, beginnt das Naturschutzgebiet mit einem kilometerlangen Strand und bis zu 300 m hohen Sanddünen. Die Piste im Tal des Riu Piscinas führt zu verfallenen Minenorten. Am Ende liegt das komfortable Hotelrestaurant *Le Dune* (25 Zi. | Tel. 070 97 71 30 | Fax 070 97 72 30 | www.ledune ingurtosu.it | €€€) direkt am Strand in sorgfältig restaurierten Lagerhäusern der Minen aus dem 19. Jh.

FLUMINESE UND VALLE D'ORIDDA [120 B4]

Die weißen Kalkklippen und Bergketten, die alten Steineichenwälder mit vielen Wildschweinen, die riesigen Abraum- und Schlackenhalden, Geisterdörfer und – abseits der Staatsstraße nach Fluminimaggiore – Jeeppisten liegen in einer auch den meisten Sarden unbekannten Region.

Eine Seitenstraße führt zum *Tempel von Antas*, Heiligtum der römisch-punischen Mischkultur. Von *Portixeddu* mit seinem langen Strand aus kann man zu Fuß zur Costa Verde laufen. *Buggerru* war Erzhafen und profitiert von seinem langen Sandstrand Richtung Portixeddu. Nach Süden führt eine neue Straße zu Ruinen von Minen, Erzhütten und Siedlungen. Von der großartigen Bucht *Cala Domestica* wurde Richtung Iglesias die Straße ab Masua in die Felsen gesprengt. Ihr vorgelagert sind die weißen Klippen des *Pan di Zucchero* (Zuckerhut). In *Nebida* finden Sie die Pension *Pan di Zucchero* (14 Zi. | Tel./Fax 078 14 71 14 | €), in deren Trattoria Sie fangfrische Fischgerichte bekommen.

Die *Grotta di San Giovanni* bei Domusnovas, einst Zufahrt in die Bergbautäler, ist nur zu Fuß oder mit dem Rad zugänglich; Taschenlampe nicht vergessen! An den beiden Eingängen beginnen an der Bar über dem Bachbett gekennzeichnete Wanderwege hinauf in die wilde Felsenlandschaft der Valle d'Oridda und zu verlassenen Siedlungen und Bergwerken (www.igeaminiere.it).

SANT'ANTIOCO UND SAN PIETRO [120 A–B 5–6]

Sant'Antioco ist durch einen flachen Meeresarm und Lagunen vom Festland getrennt; Damm und Brücke bauten schon die Römer. Die Stadt *Sant'Antioco* 40 km südlich von Iglesias ist ein betriebsamer, mediterraner Hafen am Ort des punisch-römischen Sulcis, wo Silber und Blei aus den Minen des gegenüberliegenden Festlands verschifft wurden. Oberhalb der Stadt bei der Festung aus dem 18. Jh. ist in einer ländlichen Villa ein *Museum* eingerichtet, in dem die Funde aus den Nekropolen und aus dem Tophet gesammelt sind (tgl. 9–19 Uhr). Ein Tophet war eine Opferstätte, wo punischen Gottheiten Kinder geopfert wurden.

Calasetta wird ähnlich wie die gegenüberliegende Insel San Pietro von ligurischen Zuwanderern bewohnt. Das Dorf ist freundlich und besitzt bei den Salinen etwas Flachstrand. Direkt am Wasser liegt mit Garten, Pool und Tennisplatz das Hotel *Stella del Sud* (49 Zi. | Tel. 07 81 81 01 88 | Fax 07 81 81 01 48 | www.hotelstelladelsud.com | €€).

Etwa alle zwei Stunden bestehen Fährverbindungen zur Nachbarinsel

★ *San Pietro*. Die Insel vulkanischen Ursprungs ist eine Welt für sich. Ihre Bewohner sind Ligurer, die vor Jahrhunderten aus ihrer Heimat bei Genua nach Nordafrika ausgewandert sind, ihre Sprache und Traditionen bewahrt haben und im 18. Jh. auf San Pietro sesshaft wurden.

Der Hauptort *Carloforte* ist ein Fischerhafen mit hübschen Häusern in Weiß und Pastelltönen. Kleine Felsbuchten bieten großartige Bade- und Tauchmöglichkeiten. Für Kinder sind die meist steinigen und steilen Strände jedoch kaum geeignet.

Neben den wenigen kleinen Hotels gibt es reichlich Privatzimmer. Das Hotel *Hieracon (17 Zi. | Corso Cavour 62 | Tel. 07 81 85 40 28 | Fax 07 81 85 48 93 | €€)* ist eine Jugendstilvilla im Garten, das Restaurant *Al Tonno di Corsa (Mo geschl. | Via Marconi 47 | Tel. 07 81 85 51 06 | €€)* offeriert Meeresküche (im Frühjahr frischer Thunfisch!). *Da Nicolo* (Mo geschl. | Corso Cavour 32 | Tel. 07 81 85 40 48 | www.danicolo.net | €€–€€€)* an der Uferpromenade mit kreativer, von Sardinien, Ligurien und Nordafrika geprägter Küche wird seit drei Generationen von derselben Familie geführt. Auskunft und Vermittlung von Privatquartieren in *Carloforte (Corso Tagliafico 2 | Tel./Fax 07 81 85 40 09 | www.prolocarloforte.it)* am Hafen.

Insider Tipp *(markiert bei Da Nicolo)*

ORISTANO

[120 B2] **Die Provinzhauptstadt (32 000 Ew.) liegt in der Mündungsebene des Tirso am Eingang zur Campidanoebene.** Sie wirkt innerhalb der Stadtmauer beschaulich. Als Hauptstadt des Judikats Arborea erlebte sie im 14. Jh. ihre Blüte und verfiel dann unter spanischer Herrschaft zum Provinznest mit Bischofssitz.

■ SEHENSWERTES ■

ALTSTADT

Die *Porta Mannu* mit dem spätmittelalterlichen Turm San Cristoforo markiert den Haupteingang in die Altstadt. Auf der Piazza Roma findet vormittags ein lebhafter *Bauernmarkt* statt. Über die Piazza Eleonora d'Arborea mit dem Denkmal der Nationalheldin gelangt man zur weiten Piazza Duomo mit der klassizistischen Kirche *San Francesco*.

■ ESSEN & TRINKEN ■

IL FARO

Klassisch, Jugendstileinrichtung, Regionalküche auf höchstem Niveau. *So geschl. | Via Bellini 25 | Tel. 078 37 00 02 | €€€*

TRATTORIA GINO

Mittendrin, lebhaft und immer gut besucht mit einfacher, schmackhafter Küche. *So geschl. | Via Tirso 13 | Tel. 078 37 14 28 | €–€€*

■ ÜBERNACHTEN ■

CAS – AGRITURISMO

Ferien auf ca. 30 Bauernhöfen in der Provinz Oristano, meist 5–10 km vom Meer. *Agenzia Posidonia | Via Umberto 64 | Riola Sardo | Tel./Fax 07 83 41 16 60 | www.sardegnaturismo.net | €–€€*

Insider Tipp *(markiert bei Ferien auf ca. 30 Bauernhöfen)*

DUOMO

Gegenüber dem Dom am geräumigen Hauptplatz in einem restaurierten Palast des 17. Jhs. 10 Zimmer um den Innenhof mit Blick auf die Piazza. *Via Vittorio Emanuele 34 | Tel. 07 83 77 80 61 | Fax 07 83 76 35 36 | www.hotelduomo.net | €€€*

◼ AUSKUNFT ◼

PRO LOCO
Via Ciutadella de Menorca 14 | Tel. 078 37 06 21 | www.comune.oris tano.it

trächtigen Küstensümpfe, die in den Jahren nach 1920 von Siedlern aus Norditalien trockengelegt wurden.

Im Hügelland unter der Hochebene Giara di Gesturi führen Nebenstraßen durch winzige Dörfer, in denen die Zeit stehen geblieben scheint, nach *Villanovaforru* [120 C3]. 1 km vom Dorf entfernt liegt die Nuraghenburg *Genna Maria*. Bedeu-

Nationalheldin Eleonora d'Arborea erließ ein allgemein gültiges Zivil- und Strafrecht

◼ ZIELE IN DER UMGEBUNG ◼

CAMPIDANO UND MARMILLA
Ein paar Stufen führen zur Kirche im südlichen Vorort *Santa Giusta* [120 B2], hinter deren klassisch einfacher Fassade sich ein lichtes romanisches Inneres verbirgt; die drei Schiffe werden von zumeist römischen Säulen aus Tharros getragen. Lagunenseen und schmale Landzungen erinnern hier an die malaria-

tende Funde sind im *Museum* im Dorf ausgestellt, das mit Rekonstruktionen, Zeittafeln, Übersichtskarten und einer Volkskunstausstellung Einblick in sardische Geschichte gibt *(Di–So 9.30–13 und 15.30–19 Uhr)*. Wer etwas länger verweilen will: Unterkunft finden Sie im ansprechenden Hotel *Le Colline* beim Nuraghen *(20 Zi. | Tel. 07 09 30 01 23 | Fax 07 09 30 01 34 | €€)*.

SINISHALBINSEL ⭐ [120 B1–2]

Cabras liegt am wohl fischreichsten Binnengewässer Sardiniens. Über Kanäle ist der *Stagno di Cabras* mit dem Meer verbunden. Brackwasserfische wie Aal *(anguilla)* und Meeräsche *(muggine)*, Letztere geschätzt wegen des Rogens, aus dem die *bottarga*, der sardische „Kaviar", gemacht wird, waren Grundlage des freilich immer schwierigen Überlebens der Fischer.

Das riesige Haufendorf (9000 Ew.) besteht fast nur aus ein- und zweistöckigen, wenig ansehnlichen modernen Häusern, fertigen und unfertigen, mit und ohne Verputz. Erlesene Fischküche speisen Sie im *Sa Funtà (So geschl. | Via Garibaldi 20 | Tel. 07 83 29 06 85 | €€)*. Am feinsandigen, flachen Strand von *Torre Grande* herrscht Lidobetrieb, und *Da Giovanni (Mo geschl. | Tel. 078 32 20 51 | €€)* serviert eine feine Meeresküche.

Weiter nach Westen breitet sich menschenleer und kahl der *Sinis* aus. Im Sommer sind die Salzseen in der unermesslich weiten Ebene oft ausgetrocknet, ab Herbst überwintern in ihrem kaum fußtiefen Wasser Tausende von Flamingos. Teile der Küste und der mit Zwergpalmen bewachsenen Dünen sind Vogelschutzgebiet und dürfen nur in Begleitung von Naturführern des WWF und des Vogelschutzbundes Lipu betreten werden (Infos vor Ort). Bei San Giovanni, is Arutas und Mari Ermi ist die Küste flach, Quarzkieselstrände wechseln mit messerscharfen Steinklippen. Manchmal bricht die Sandsteinplatte 10–20 m tief ab.

San Salvatore ist eine flache Häusergruppe mitten in der Steppe. Das Kirchlein mit der vorchristlichen Krypta ist im September Ziel der Corsa degli Scalzi. Vor dem Kap am Ende der Straße scharen sich um die frühchristliche Kirche *San Giovanni* die flachen Häuser einer Feriensiedlung und die Fischerhütten, die hier noch aus Schilf gebaut werden. Unterkunft und Essen gibt es im *Sinis Vacanze Sa Pedrera (14 Zi. | Tel. 07 83 37 00 18 | Fax 07 83 37 00 40 | www.sapedrera.it | €€)*, einem Bungalowhotel, das von jungen, engagierten Naturschützern geführt wird.

Auf der schmalen Landzunge liegt

DER SÜDEN

Tharros, die größte punisch-römische Stadt mit gut erhaltenen Straßen, in deren Mitte zwischen dem Basaltplattenpflaster die Kanalisation verläuft, mit Wohnvierteln, Tempeln und Thermen. Überfälle der Sarazenen seit dem 8. Jh. ließen die Stadt veröden. *Führungen stündlich*

Im Norden des Sinis bei den Dörfern Putzu Idu und su Pallosu, wo die besseren Strände nur zu Fuß erreichbar sind, liegt das Hotel *Da Cesare* mit guter Meeresküche *(10 Zi. | Tel. 078 35 20 95 | Fax 078 35 20 15 | €€).* Im Norden bis zur Steilküste bei *Santa Caterina di Pittinuri* bedecken Strandkiefernwälder das Dünengebiet *is Arenas.* Im Ort an der Bucht steht das Hotelrestaurant *Esit La Scogliera (7 Zi. | Tel./Fax 078 53 82 31 | www.hotel-lascogliera.it | €).*

TIRSOTAL UND HOCHEBENE VON ABBASANTA

Nördlich von Oristano beginnt die an Zeugnissen der Vorgeschichte reiche Hochebene von Abbasanta. Von der Schnellstraße führt knapp 30 km nördlich eine Ausfahrt nach Santa Cristina [125 D6]. Das Dorf wurde im

19. Jh. verlassen und dient heute den Leuten aus Paulilatino als Ort ihrer Feste. Wenig entfernt liegt eine archäologische Zone mit einem großartig erhaltenen Brunnentempel und Riesengräbern sowie einem schönen Nuraghen in den Wildolivenhainen. Der *Nuraghe Losa* bei Abbasanta mit weithin sichtbarem Turm ist hervorragend erhalten.

Korkeichen, Wildoliven, Nuraghen und endlose Mauern begleiten die Fahrt nach ☀ *Santu Lussurgiu* [124 C5-6] 15 km östlich von Abbasanta. Liebhaber von Fleisch und Käse (deftige Portionen!) gehen zu *La Bocca del Vulcano (tgl. | Via Alagon 27 | Tel. 07 83 55 09 74 | www.laboccadelvulcano.it | €),* das auch Wanderungen und Reitexkursionen organisiert. In einem Aragonesenpalast ist das Hotel *Antica Dimora del Gruccione (8 Zi. | Via Obinu 39 | Tel. 07 83 55 20 35 | Fax 07 83 55 20 36 | www.anticadimora.com | €€)* untergebracht.

Das hoch gelegene Nachbardorf ☀ *Cuglieri* [124 C5] weitere 18 km nordwestlich bietet großartige Blicke auf die Küste nach Norden, die Hochebenen von Abbasanta und Macomer und dahinter die Berge der Barbagia. Im alten Ortskern gibt es im *Ristorante Meridiana (Mo geschl. | Via Angioi 11 | Tel. 078 53 94 00 | €€)* feine Antipasti und eine große Auswahl an Fisch und Meeresfrüchten.

San Leonardo de Siete Fuentes [124 C5] ist eine bei Sarden beliebte Sommerfrische wegen seiner schönen Wälder und der reichen, eiskalten Quellen in einem dichten Steineichenhain. Über *Borore,* dessen Umgebung besonders reich an

Nuraghen, Riesengräbern und Steinsetzungen ist, geht es nach *Sedilo* [125 E5], einem Hirtendorf oberhalb des Tirsostausees, bekannt durch das Reiterfest Sant'Antine am 6./7. Juli. Um die Kirche (2 km außerhalb) mit ihrer schönen geschwungenen Barockfassade aus rotem Naturstein stehen Pilgerhütten, Steinsäulen, Menhire und zerbrochene Mühlsteine aus Basalt. Innen sind die Wände bedeckt mit Votivbildern.

Fordongianus [120 C1], ganz aus rotem Naturstein erbaut, war schon den Römern als Forum Traiani ein wichtiger Ort. Am Fluss stehen die Mauern der römischen *Thermen,* in denen heiße Quellen entspringen.

VILLASIMIUS

[121 E5] **Aus dem ehemaligen Hirtendorf ist ein beliebter Ferienort (2600 Ew.) geworden, zu dem die großartigen Strände um Capo Carbonara, Cala Sinzias, Costa Rei und Capo Ferrato sowie die Granitberge der Sette Fratelli gehören.** Stichstraßen führen zu den Stränden und in die Ferienorte, wo Gärten Oasen in der kargen Granitlandschaft bilden.

ESSEN & TRINKEN

DA BARBARA
Über dem Meer 11 km westlich bei Solanas an der Straße nach Cagliari. Seit Generationen ein Ziel für frischen Fisch und lockere Stimmung. *Mi geschl. | Tel. 070 75 06 30 | €€*

CARBONARA
Im Zentrum gute und bezahlbare Meeresküche, wenn Sie nicht gerade Langusten bestellen. *Mi geschl. | Via Umberto I 56 | Tel. 070 79 12 70 | €€*

ÜBERNACHTEN

L'OLEANDRO
Abgeschieden in einem Tal, das ins Meer mündet, persönlich und engagiert geführt. *9 Zi. | Straße Richtung Costa Rei | Tel. 070 79 15 39 | Fax 070 79 04 09 | €€*

CRUCCURIS RESORT
Neu angelegte Anlage im Garten am Strand, 3 Schwimmbecken. *49 Zi. | Mai–Okt. | Tel. 07 07 98 90 20 | Fax 07 07 98 90 18 | www.cruccurisresort.com | €€€*

STELLA D'ORO ▶▶
Dorfhotel im Zentrum mit langer Geschichte und berühmten Gästen, wo mehrere Generationen am Herd stehen. 17 Zi. mit ländlichem Charme. *Tel. 070 79 12 55 | Fax 070 79 26 32 | stelladoro@virgilio.it | €–€€*

STRÄNDE

Kein anderer Ort hat so viele und unterschiedliche Strände. An der Straße nach *Capo Carbonara* liegen auf beiden Seiten der schmalen Halbinsel Sandbuchten; gegenüber ist die feinsandige *Spiaggia del Simius,* am Kap führen Fußwege zu den Buchten.

AUSKUNFT

Piazza Giovanni XXIII | Tel. 07 07 93 02 90 | www.villasimiusweb.com/ufficio_turistico.asp

ZIELE IN DER UMGEBUNG

COSTA REI   [121 E4–5]
Nach Norden bleibt die Küste bis Cala Sinzias raue Felsküste, danach beginnen lange Sandstrände. Die über 10 km lange Costa Rei ist nur in Teilen touristisch erschlossen, leider

mit riesigen Ferienanlagen und Bungalowsiedlungen. Lohnend ist der Abstecher zur Sandbucht Porto Pirastu und zum Capo Ferrato, wo der breite Sandstrand in Klippenküste übergeht. Weiter nördlich ab San Priamo begleiten große Lagunenseen mit Reihern, Kormoranen und Flamingos die Küstenstraße.

MURAVERA UND VILLAPUTZU [121 E4]

Die beiden großen Dörfer an der Mündung des Flumendosa sind von üppigen Orangenhainen umgeben und wirken mit ihren flachen Häusern ohne Fenster zuerst abweisend; das Leben spielte sich früher in den Innenhöfen ab. Zum B & B wurde der Bauernhof *Su Pasiu (6 Zi. | Via Speranza 8 | Tel. 07 09 93 05 33 | www.divesardinia.com | €€)* ansprechend ausgebaut. Fangfrischen Fisch

und Muscheln gibt es im benachbarten Villaputzu am Abzweig nach Porto Corallo im *Su Talleri (So-Abend geschl. | Tel. 070 99 75 74 | €€)*. 23 km landeinwärts in Villasalto speisen Sie traditionell sardisch mit Käse, Ricotta, Wild, Lamm, Zicklein und offenem Wein in der *Osteria di Paolo Perella (tgl. | Corso Repubblica 8 | Tel. 070 95 62 98 | €€)*. **Insider Tipp**

Zu den Sandstränden von Muravera führt ein dichtes Netz kleiner Straßen, ideal für das Fahrrad. Vom 40 km weiter nördlich gelegenen *Tertenia* führt eine Straße ans Meer, wo sich Einheimische und Freunde einfacher Ferien treffen. Hier haben Sie vom *Hotel Janas (10 Zi. | Marina di Tertenia | Tel. 07 82 90 90 05 | Fax 07 82 90 91 56 | www.hotelja nas.it | €€–€€€)* einen tollen Blick über die Küste und die hohen Berge.

Endlose Sandstrände prägen die Costa Rei an Sardiniens Südostzipfel

> TRAUMSTRASSE ZWISCHEN MEER UND BERGEN

Lange Buchten mit hellem Sand, Küstentürmen, Steilküste, Schluchten und Meeresgrotten

> **Die *Orientale Sarda*, die Staatsstraße 125 von Cagliari nach Palau über Tortolì, Dorgali und Olbia, ist die Traumstraße Sardiniens und auf ihren 355 km selten für länger als 5 km ohne Kurven.**

Fast immer läuft sie in einer Distanz von wenigen Kilometern zum Meer, doch versperren hohe, unwegsame Berge den Blick und den leichten Zugang dorthin. Bis auf kleine Küstenebenen und Flussmündungen tritt das Bergland bis an die Küste heran.

Im Golf von Orosei bricht die Kalkplatte des Supramonte bis zu 600 m tief lotrecht zum Meer ab. Einzige Zugänge vom Land her sind die tiefen Schluchten, die in Tagesmärschen über Stock und Stein zu einsamen Buchten führen, die allerdings während der kurzen Saison durch Badeboote immer frequentierter werden. Zusammen mit den Bergen der Barbagia, die tief ins Landesinnere reichen, ist dieser Teil der

Bild: Grotta del Bue Marino

DIE OSTKÜSTE

Küste Nationalpark. Nördlich von Orosei wechseln pinienbestandene, weiße Sandbuchten mit Klippen ab. Trotz zunehmender touristischer Erschließung nach Norden gibt es noch lange menschenleere Ufer, ganz und gar Natur, weit entfernt von Straßen und Strandsiedlungen.

Von den Badeorten der Ostküste ist es nur selten weit in die Barbagia, das Gennargentugebirge und in die Ogliastra.

ARBATAX UND TORTOLÌ

[121 F2] Arbatax (1100 Ew.) liegt auf einer Halbinsel, deren rote Porphyrklippen eines der Naturwunder Sardiniens sind. Die Porphyrkuppe ist weitgehend nicht zugänglich; mehrere Feriendörfer und das Militär nehmen fast die ganze Fläche ein, der Aufstieg zum ✿ Leuchtturm endet am Sperrzaun.

ARBATAX UND TORTOLÌ

Tortolì (9000 Ew.) 5 km landeinwärts ist „Hauptstadt" der Ogliastra *(www.turismogliastra.com),* dieser Landschaft zwischen den hohen Bergen Innersardiniens, die schroff zur Ebene und dem Hügelland um Bari Sardo abbricht, bis dann zwischen Marina di Gairo und Quirra die Berge direkt ans Meer treten. Lange, sandige Naturstrände mit Pinien und Tamarisken liegen südlich *(Lido San Gemiliano | Lido d'Orrì).* In Arbatax ist der saubere Sandstrand Porto Frailis häufig überlaufen.

bietet das *Albergo Da Angelo (6 Zi. | Tortolì | Via Piemonte | Tel./Fax 07 82 62 35 33 | €).* Stilvoll und gut ausgestattet ist *La Bitta (41 Zi. | Arbatax | Tel. 07 82 66 70 80 | Fax 07 82 66 72 28 | www.arbatax-hotels.it | €€€)* in der Sandbucht Porto Frailis; im Restaurant gute Küche.

Sardisches Naturwunder: die roten Porphyrklippen in Arbatax

Mit Leckereien aus Meeresfrüchten und üppigen Portionen verführt das *Del Porto (Ostern bis Sept. tgl. | Arbatax | Via Bellavista 14 | Tel. 07 82 66 72 26 | €)* zur Einkehr. Einfache und gastfreundliche Unterkunft

■ AUSKUNFT ■
Via Mameli | Tel. 07 82 60 09 00 | www.provincia.ogliastra.it

■ ZIELE IN DER UMGEBUNG ■
BARI SARDO UND
MARINA DI GAIRO [121 F2]
Auf der Fahrt nach Süden besteht erstmals in Bari Sardo die Möglichkeit, ans Meer zu kommen. *Marina di Bari* hat einen langen, breiten Sandstrand. Um den Küstenwach-

turm liegen Ferienhäuser, Hotels und Campingplätze. Das Hotel *La Torre* mit guter Küche ist üppig ausgestattet *(60 Zi. | Tel. 078 22 80 30 | Fax 078 22 95 77 | www.hotellatorresardegna.it | €€–€€€)*.

Durch die Küstenebene, aber in Distanz zum Meer, führt eine Schotterstraße, die beim Landkirchlein *Nostra Signora del Buon Cammino* in Asphalt übergeht. Sie führt von der Staatsstraße zur ★ *Marina di Gairo*. Anfangs ist der Sandstrand noch flach, dann wird die Küste schroffer; kleine Buchten mit bunten Kieseln und Sandeinspülungen liegen zwischen den langen, leuchtend roten Klippenzungen, Porphyrinselchen und Steinnadeln: ein Strand im Naturzustand.

BAUNEI, SANTA MARIA NAVARRESE UND SU GOLGO [119 E–F6, 121 F1]

Im Norden der Ogliastraebene schiebt sich der Supramonte bis ans Meer und bricht als über 1000 m hohe Steinmasse zu Meer und Ebene hin ab. *Lotzorai* und *Donigala* haben flache Sandstrände, die in *Santa Maria Navarrese* abrupt in Steilküste überwechseln. Vor der Kirche stehen mehrere Baumriesen.

Der Ort besticht durch viel Grün und Blumen; das Bauern- und Fischerdorf windet sich den Berg hinauf. Unterkunft in Privatzimmern, Ferienwohnungen und zwei freundlichen, ruhigen Hotels: *Santa Maria (32 Zi. | Tel. 07 82 61 53 15 | Fax 07 82 61 53 96 | www.albergosantamaria.it | €€)* und *Agugliastra (19 Zi. | Tel. 07 82 61 50 05 | Fax 07 82 61 50 53 | www.hotelagugliastra.it | €€)*. Bootsfahrten längs der Steilküste führen in einsame Buchten. Auskunft: *Piazza Principessa di Navarra 27 | Santa Maria Navarrese | Tel. 07 82 61 4037 | www.turismogliastra.com*

Die Straße klettert dann in vielen Kurven durch verkarstete Felsen in die Höhe. Der Abstecher zum Felsenkap ✲ *sa Pedra Longa* lohnt. Treppenwege führen ans Wasser. Baden ist von den Klippen aus nur bei ruhigem Wasser möglich.

✲ *Baunei* zieht sich längs der Straße auf einer schmalen Terrasse hoch über der Ebene, überragt von Felswänden. 12 km auf zum Teil kurviger Asphaltstraße sind es auf die Hochebene von *Golgo*, wo einsam die kleine Landkirche San Pietro Anfang Juli zum Festplatz mit einem

MARCO POLO HIGHLIGHTS

★ **su Gorruppu**
Über 200 m tiefe und manchmal nur wenige Meter breite Schlucht bei Dorgali (Seite 80)

★ **Capo Comino**
Unendliche schneeweiße Dünenstrände (Seite 81)

★ **Grotta di Ispinigoli**
Traumhafte Tropfsteine, darunter ein 38 m hoher Stalagmit (Seite 80)

★ **Marina di Gairo**
Kleine Buchten, hohe Felsbastionen (Seite 77)

wilden Ritt und Bankett unter den hohen Bäumen wird. Ein Pfad führt in zehn Minuten zum 270 m tiefen Karstloch *su Sterru.* Ländliches Essen gibt es in der Schutzhütte *Locanda Il Rifugio – Golgo (25 Betten | tgl. | Tel. 36 87 02 89 80 | Fax 07 82 61 05 99 | www.coopgoloritze. com | €),* wo markierte Wege begin-

steigt die Straße auf und erreicht auf halber Höhe fruchtbares Gartenland, wo Bäche plätschern und im üppigen Grün von Obstbäumen sich kleine Dörfer verstecken. ❋ *Villagrande Strisaili* ist der Belvedere der Ogliastra. Nach einem dichten Steineichenwald mit eiskalten Quellen gelangt man zum *Flumendosastausee,* hinter

Das Hirten- und Bauernstädtchen Dorgali liegt versteckt in den Bergen

nen und auch Pferdetouren, geführte Wanderungen, Schlucht- und Klettertouren organisiert werden, etwa in die *Codula di Sisine,* die als tiefe Schlucht an der einsamen *Cala Sisine* endet, und in die Traumbucht *Cala Goloritzè.*

Insider Tipp

LANUSEI UND
DIE OGLIASTRABERGE   [121 E2]
Aus der verbrannten Ebene und den kargen Hügeln mit dürftiger Macchia

dem sich der Gennargentu erhebt. Dann geht es hinunter nach *Arzana.* Im Zentrum des großen, freundlichen Dorfs liegt das komfortable Hotel *Murru (30 Zi. | Tel. 078 23 73 48 | Fax 07 82 36 93 03 | www.hotel murru.com | €–€€)* mit ausgezeichneter Küche.

Lanusei ist der alte Hauptort der Ogliastra. Mit seinen steilen Straßen und hohen Häusern wirkt er sehr städtisch. Im Zentrum liegt das einfa-

❯ *www.marcopolo.de/sardinien*

che Hotel *Belvedere (10 Zi. | Tel. 078 24 21 84 | Fax 07 82 48 20 50 | €–€€)* mit gutem Essen.

Von hier steigt die Straße in die Berge. Von *Ulassai,* malerisch unter Felsbergen, führt eine schmale Straße durch den Ort zur Tropfstein-höhle *Grotta su Marmuri* (1,5 km). Sie ist beleuchtet, es gibt Führungen.

DORGALI UND CALA GONONE

[119 E–F5] **Das große Hirten- und Bauern-städtchen Dorgali (8000 Ew.) liegt ver-steckt durch hohe Berge und war für Pira-ten und Sarazenen vom Meer aus nicht zu sehen.** Ihre farbenprächtigen Trachten und den in ganz Sardinien berühmten Filigranschmuck zeigen die Dorgale-sen auf ihren drei großen kirchlichen Festen zu Ostern, Mitte August zu San Giuseppe und am 15. September.

Nach Cala Gonone führt zuerst durch einen Tunnel und dann in wei-ten Kurven eine ❊ großartige Pano-ramastraße, die den Blick auf Berge und Küste des Supramonte freigibt. Das einstige Fischerdorf ist längst zum reinen Ferienort geworden und besteht fast ausschließlich aus Hotels und Ferienvillen, aber ohne gigant-ische Bauten und mit viel Grün. Der Strand ist schmal und grobsteinig.

ESSEN & TRINKEN ÜBERNACHTEN

COSTA DORADA
Am Strand von Cala Gonone, fein eingerichtet, Terrassen mit Blumen und Blick auf die Steilküste. *30 Zi. | Tel. 078 49 33 32 | Fax 078 49 34 45 | www.hotelcostadorada.it | €€–€€€*

ISPINIGOLI ❊
Nördlich von Dorgali in einsamer Pa-noramalage direkt bei der Höhle. Vorzügliche Landküche und 18 freundliche Zimmer. *Tel. 078 49 52 68 | Fax 07 84 92 92 33 | €€*

OASI ❊
Hoch über dem Ort und dem Meer gelegen, mit Garten. *38 Zi. | Cala Gonone | Tel. 078 49 31 11 | Fax 078 49 34 44 | www.loasihotel.it | €€*

SANT'ELENE
Auf dem Land, 2 km Richtung Ma-donna del Buon Cammino; Terrasse, Landwirtschaft und Kaminfeuer für die *arrosti. 8 Zi. | Tel. 078 49 45 72 | Fax 078 49 53 85 | €–€€*

Insider Tipp

■ SPORT & STRÄNDE ■
Gekennzeichnete Wanderwege ver-binden Dorgali und Cala Gonone, führen in den Supramonte hinein, zu den Strandbuchten *Cala Cartoe* und *Cala Osalla* im Norden und *Cala*

>LOW BUDGET

Luna im Süden. Badeboote fahren zur Traumbucht *Cala Luna,* wo die Schlucht *Codula di Luna* endet. Bis in die Schlucht *su Gorruppu* und nach *Tiscali* geht es auch ohne alpinistische Erfahrung und Ausrüstung, weiter aber nicht.

■ AUSKUNFT

Via Lamarmora | Tel. 078 49 62 43; Cala Gonone | Tel. 078 49 36 96 | www.dorgali.it

■ ZIELE IN DER UMGEBUNG ■

Insider Tipp
CODULA DI LUNA   [119 E6]
Zwischen Dorgali und Baunei liegt das großartigste und einsamste Stück der Straße 125. 46 km liegen zwischen beiden Orten, an der ❋ *Genna Silana* erreicht die Straße ihren höchsten Punkt mit 1017 m über dem Meer. Auf der weiten Hochebene oberhalb von Urzulei mit Wasserläufen, wo Pferdeherden vom Frühjahr bis in den späten Herbst völlig frei weiden, zweigt nach 2,5 km hinter dem Abzweig nach Urzulei links eine schmale Teerstraße ab. Sie führt ins Tal der Codula und endet in Teletotes, wo das Tal so eng wird, dass man nur zu Fuß auf Pfaden und im Geröllbett der Schlucht weitergehen kann (zum Meer und zurück sechs bis acht Stunden, Wanderausrüstung und Trinkwasser unbedingt erforderlich).

Insider Tipp
SU GORRUPPU UND TISCALI   [119 E6]
Der Flumineddu entspringt beim Arcu Correboi am Fuß des Gennargentu und bricht in der Schlucht ⭐ su Gorruppu durch den über 1000 m hohen Monte Oddeu. Die senkrechten Wände der Schlucht sind 200 m hoch, an den engsten Stellen ist die Schlucht nur wenige Meter breit. Von Dorgali führt eine Teerstraße bis zur Landkirche Nostra Signora del Buon Cammino, dort wird sie zur Schotterstraße bis zur zerstörten Brücke Ponte Barva (weiter mittels Bachdurchquerung), wo dann ein Fußweg (zwei Stunden) zum Eingang der Schlucht führt. Ebenfalls von Ponte Barva führt ein steiniger, zum Teil schwieriger gekennnzeichneter Fußweg in zwei Stunden zur vorgeschichtlichen Siedlung *Tiscali,* die von außen unsichtbar im Inneren eines hohlen Bergs liegt. Es war wohl eine der Zufluchtsstätten der Nuraghier vor den römischen Eroberern. *Führungen in Tiscali vom Vormittag bis ca. 2 Std. vor Sonnenuntergang*

GROTTA DEL BUE MARINO   [119 E–F6]
5 km der Grotte sind schon erforscht, 900 m können besichtigt werden: großartige Farbenspiele von Wasser und Tropfsteinen. Der Zugang erfolgt mit Booten ab Cala Gonone. *Juli/Aug. stündl. | sonst 11 und 15 Uhr | Tel. 078 49 33 02*

GROTTA DI ISPINIGOLI ⭐   [119 E–F5]
Der Abstieg im Höhlenschacht führt an einem 38 m hohen Stalagmiten vorbei in eine Traumwelt von Tropfsteingalerien und Sälen, die in vielen Farben leuchten. Die knapp 10 km nördlich gelegene Höhle ist bisher auf rund 10 km erforscht und dürfte über unterirdische Wasserläufe mit anderen Höhlen in Verbindung stehen. *April–Sept. tgl. 9–13 und 15–18 Uhr stdl. | Okt.–März Mo–Fr 11 und 12, Sa/So 11, 12, 15 Uhr*

Viele Badebuchten bei Cala Gonone sind nur mit dem Boot zu erreichen

OROSEI [119 F5]

Das kleine Landstädtchen (5300 Ew.) liegt 20 km nordöstlich auf einem Bergsporn über der Mündungsebene des Cedrino. Die hohen Fassaden der Kirchen über den krummen Gassen beherrschen das Ortsbild. Der von Kirchen und Kapellen umgebene Hauptplatz mit schattigen Bäumen bietet ein Bild vergangener Zeiten.

Im Zentrum finden Sie das Hotelrestaurant *su Barchile (10 Zi. | Tel. 078 49 88 79 | Fax 07 84 99 81 13 | €€)*. Zwischen der Cedrinomündung und der Bucht von Osalla zieht sich ein breiter Sandstrand mit Strandkiefern hin; Strandwanderer mit Ausdauer finden völlige Einsamkeit. Dünen und der feine, weiße Sand begleiten die Küste bis zur Cala Ginepro. Nördlich davon sind Pineta und Strand von Biderrosa zu Fuß frei zugänglich, Auto und Fahrrad kosten Eintritt *(Mai–Sept. | 2–12 Euro)*.

SINISCOLA, POSADA UND LA CALETTA [119 F4]

Am ★ *Capo Comino* rund 40 km nordöstlich beginnt der breite Sandstrand, der erst bei Posada, dem alten Grenzkastell zur Gallura, endet. Pinien begleiten die Dünen, nur in den beiden breiten Flussmündungen weichen sie flacher Sumpfvegetation. Die Stranddörfer *Santa Lucia* und *La Caletta* sind kleine Fischerhäfen mit wuchtigen Sarazenentürmen.

Das Dorf *Posada* [117 F4] mit dem Burgturm liegt reizvoll auf einem Fels in der Schwemmebene. Im alten Ortsteil wartet das Hotel *sa Rocca (12 Zi. | Tel. 07 84 85 41 39 | Fax 07 84 85 41 66 | €)* auf Gäste. Siniscola [117 F4] liegt landeinwärts unter der kahlen Kalkscholle des Monte Albo. Von Siniscola klettert eine Straße nach *Lula* [117 E5] auf den Monte Albo. Weite Sicht auf die Berge der Gallura.

Insider Tipp

Das Kontrastprogramm zur Küste – mit der Kleinbahn durch die Berge, zu Fuß auf Sardiniens höchsten Berg, die Hirtendörfer der Barbagia

> Der höchste Gipfel Sardiniens, die Punta La Marmora im Gennargentu, ist mit seinen 1834 m Höhe verglichen mit anderen Bergen des Mittelmeerraums nicht außergewöhnlich hoch.

Ein Riese wird der Gennargentu erst gegenüber dem Umland, den schroffen Kalkzinnen des Supramonte im Norden und Osten, den Buckeln und Tälern der Bergwelt der Barbagia von Ollolai im Norden und den weiten Hochflächen und Tafelbergen vulkanischen Ursprungs im Süden und Westen.

Barbagia, Land der Barbaren, nannten die Römer abschätzig das Bergland im Herzen Sardiniens, das sie nie richtig erobern konnten. Die nachfolgenden wechselnden Herren der Insel sahen ebenfalls mit Verachtung und Angst auf die Hirten, die sich im Lauf der Jahrhunderte als die Erben der nie unterworfenen, nie an andere Kulturen angepassten Sarden

DAS LANDESINNERE

mit Stolz dazu bekannten, *barbaricini* zu sein. Die geschriebenen Gesetze hatten bis in die jüngste Vergangenheit nicht die Bedeutung der alten, traditionellen Rechtsnormen erreicht, die streng Auge um Auge und Zahn um Zahn das Leben in den Dörfern und mit der Außenwelt regelten. Die Ablehnung des Staates und seiner Gesetze ist eines der Hauptthemen der *murales* in den Barbagiadörfern.

Die Mauern, die oft geradlinig, ungehindert von Tälern und Hängen das Weideland zerteilen, sind überall zu sehen. Die Pacht belastet die Hirtenfamilien nach wie vor schwer.

ARITZO

[121 D2] Der Westhang des Gennargentu ist selbst im Hochsommer, wenn ganz Sardinien unter Hitze und Trockenheit stöhnt, eine grüne Oase mit dichten Kastanienwäldern und Korkeichenhainen. Um die Dörfer auf halber Höhe des Massivs gedeihen Haselnüsse. Zusammen mit dem dunklen Kastanienhonig sind sie Rohstoff für die Köstlichkeiten, die hier hergestellt werden. Obst- und Weingärten geben der Landschaft zusammen mit den durch Hecken und Mauern eingefriedeten Feldern eine entspannende Freundlichkeit. Aritzo (1700 Ew.) ist der an Quellen reichs-

Im Schutz der Kalkzinnen des Supramonte wachsen die Reben für den Wein

te Ort ganz Sardiniens und daher eine beliebte Sommerfrische.

Das große Ferienhotel *sa Muvara (tgl. | 61 Zi. | Tel. 07 84 62 93 36 | Fax 07 84 62 94 33 | www.samuvara hotel.com | €€)* liegt am südlichen Ortsrand im Kastanienwald.

■ ZIELE IN DER UMGEBUNG ■

DESULO [121 D1]
Wie andere Barbagiadörfer ist das 15 km nordöstlich gelegene *Desulo*

aus mehreren Weilern zusammengewachsen. Ältere Frauen zeigen sich hier noch in der bunten Alltagstracht. Gestickte Kinderkäppchen aus Desulo sind in ganz Sardinien beliebt, ebenso der aromatische Honig.

PUNTA LA MARMORA [121 E1]
An der Cantoniera Cossatzu, südlich von Aritzo, beginnt die geteerte Höhenstraße, die zuerst durch Bergwälder, dann über Bergweiden zum 🌿 *Arcu Guddetorgiu* führt, wo ein Fahrweg, ab Cuile Meriagu ein Pfad, durch schüttere Eichenwälder und Wiesen in vier Stunden hinauf zur ★ 🌿 *Punta La Marmora* (1834 m) führt. Die Tour ist nicht schwierig (nur bitte nicht in Turnschuhen), die Fernsicht ist atemraubend.

SADALI [121 D–E2]
Das kleine Dorf liegt 30 km südlich am Rand einer weiten Hochebene. Seine alten Häuser staffeln sich am Hang unterhalb des neuen Orts. Gassen führen zu den Gärten und Wassermühlen im Tal, überall rauschen Quellen, Bäche und Wasserfälle.

6 km nordwestlich liegt die *Tropfsteinhöhle is Janas* (tgl. 11–13 und 15–18 Uhr | www.grottesadali.it). Auf den 🌿 *Monte Santa Vittoria* (1212 m) führt vom benachbarten Esterzili eine asphaltierte Straße. Von den Felsen des zum Teil bewaldeten Gipfelplateaus öffnet sich ein weiter Blick über den Süden Sardiniens.

TONARA UND SORGONO [121 D1]
Zuerst folgt die Straße der Bahn, dann geht es durch Wälder hinauf nach *Tonara,* dessen drei Ortsteile 15 km nördlich schön im Grünen lie-

gen. An der Hauptstraße sind moderne Holzstatuen eines einheimischen Volkskünstlers aufgestellt; Teppichweberei und Holzschnitzerei werden noch betrieben. In der Trattoria *su Muggianeddu* bekommen Sie gute Bauern- und Hirtenkost und können in sieben einfachen Gästezimmern übernachten *(Fr geschl. | Tel./Fax 078 46 38 85 | €)*.

Sorgono, ganz aus rotem Trachyt gebaut, 8 km weiter hat Kleinstadtcharakter mit seiner Piazza und den massigen Steinhäusern und engen Gassen. Das familiäre Hotelrestaurant *Da Nino* liegt etwas außerhalb *(17 Zi. | Corso IV Novembre 26 | Tel./Fax 078 46 01 27 | €€)*.

gang) war Burg und Sitz eines mächtigen Stammesfürstentums. Die Zitadelle mit vier Türmen an den Ecken

Allein mit der Natur und den Schafen: Fluch und Segen der sardischen Hirten

BARUMINI

[120 C3] Nach tagelangen Regenfällen geriet 1949 ein Hügel ins Rutschen, alte Mauern und Grundrisse wurden sichtbar: Die ★ *Nuraghenfestung su Nuraxi (tgl. 9 Uhr–1 Std. vor Sonnenunter-*

und einem Mittelturm war von einer dicken, turmbewehrten Mauer umgeben, davor lagen die 150 Rundhütten des Dorfes, einige dienten – noch heute deutlich erkennbar – als Werkstätten.

MARCO POLO HIGHLIGHTS

★ **Giara di Gesturi**
Basalthochebene, auf der über tausend Wildpferde leben
(Seite 86)

★ **su Gologone**
Die mächtigste Quelle der Insel bei einem schönen Hotel
(Seite 90)

★ **Nuraghenfestung su Nuraxi**
Aus tonnenschweren Steinen wurden die Mauern und Türme der Königsburg in der Nuraghenzeit aufgetürmt
(Seite 85)

★ **Punta La Marmora**
Wanderung zum höchsten Punkt Sardiniens, die Fernsicht ist enorm
(Seite 84)

★ **Fahrt mit der Schmalspurbahn**
Die Strecke von Mandas nach Lanusei ist fast schon Legende
(Seite 86)

★ **Murales**
In Orgosolo haben Wandgemälde auf künstlerische Weise politische Themen aufgegriffen
(Seite 91)

BARUMINI

Die ältesten Teile der Siedlung wie etwa der Mittelturm stammen noch aus frühnuraghischer Zeit um 1200 v. Chr. Der größte Teil der Mauern und Türme ist dagegen 200 bis 400 Jahre jünger, während das Dorf selbst großenteils aus der Spätzeit der Nuraghier stammt, als die Punier diesen Teil der Insel schon erobert hatten und die Herren von su Nuraxi wohl ihre Vasallen waren.

■ ZIELE IN DER UMGEBUNG ■

FAHRT MIT DER SCHMALSPURBAHN ⭐ ⚜

Fernab von Straßen schlängeln sich die beiden schmalspurigen Bahnlinien der FdS durch das Bergland der Barbagia, durch dichte Wälder, üppiges Bauernland und weite Mondlandschaften. Die Bahn wurde vor der Jahrhundertwende mit endlosen Kurven gebaut, die Täler und Berge weit ausfahren, um Geld für Brücken und Tunnels zu sparen. Die Bahnhöfe liegen meist weitab von den Dörfern.

Auf den Strecken Isili–Sorgono und Mandas–Arbatax ist der Linienverkehr eingestellt. Von Juni bis Mitte September verkehren ein bis zwei Sonderzüge am Tag, einfache Fahrt 16, mit Rückfahrt 22 Euro. Auskunft: *Ferrovie della Sardegna in Cagliari (Tel. 070 57 93 03 46 | www.trenino verde.com | Reservierung).*

GIARA DI GESTURI ⭐ ⚜   [120–121 C–D2]

Die Basalthochfläche ist 12 km lang und 4 bis 6 km breit und mit Macchia und Korkeichen bewachsen. Im Winter bilden sich über dem undurchlässigen Basalt große Wasserflächen. Neben Ziegen, Schafen und halbverwilderten Hausschweinen leben hier rund 1500 Pferde in völliger Freiheit. Auf die Hochfläche führen mehrere Straßen, die besten Ausgangspositionen bieten *Gesturi* und das wunderhübsche *Tuili* mit seiner großen Barockkirche. Oben geht es dann nur zu Fuß weiter.

Mehr als 1500 Wildpferde leben frei in der Basaltebene Giara di Gesturi

GIARA DI SERRI [121 D3]

Diese Basaltebene liegt genau gegenüber, ist viel kleiner, kahler und schroffer. Die Zufahrt erfolgt über das winzige Hirtendorf Serri. Am vordersten Ende der Hochfläche, wo die Kapelle *Santa Vittoria* über dem flachen Hügelland der Marmilla zu schweben scheint, war der heilige Berg der Nuraghier. Große Steinmassen, die noch die Grundrisse von Gebäuden erkennen lassen, formen einen runden Platz. Stufen führen in das Quellenheiligtum.

ISILI UND LACONI [121 D2]

Zwischen Giara und Gennargentu liegt das kahle Sarcidano, ein Kalkplateau, dessen Stein von tiefen Schluchten zerfurcht ist. *Isili* gut 15 km nordöstlich von Barumini war berühmt für seine Decken und Wandteppiche. Schön ist die geschwungene Fassade der Hauptkirche. Der Nuraghe *is Paras* an der Straße nach Norden ist hoch, schlank und weiß. Zentral liegt das Hotel *Del Sole (16 Zi. | Tel. 07 82 80 23 71 | Fax 07 82 80 20 24 | €)* mit Restaurant.

Laconi war zur Spanierzeit ein kleiner Adelssitz. Die *Burg* mit schattigem Steineichenpark, kaltem Quellwasser und buntem Blumengarten ist ein beliebtes Ausflugsziel.

NUORO

 KARTE IN DER HINTEREN UMSCHLAGKLAPPE

[119 E5] Die fast noch dörfliche Altstadt von Nuoro (35 000 Ew.) ist förmlich versteckt hinter falschem Marmor der Mussolini-Ära und Beton neuester Zeiten. Um die Wende zum 20. Jh. war Nuoro noch Kleinstadt, wo große Herdenbesitzer und Lohnhirten lebten. Dank Gericht, höheren Schulen, Gefängnis und Bischofssitz ist es nun der größte Ort in der Barbagia. Der Geruch von Schafsmist auf den Straßen verschwand erst nach 1927, als Nuoro Provinzhauptstadt wurde.

▶ SEHENSWERTES

ALTSTADT

Der *Corso Garibaldi* führt mitten in die Altstadt hinein und ist deren einzige „städtische" Straße. Am Ende des Corso, auf der Höhe der baumbestandenen Piazza Vittorio Emanuele, führt links aufwärts eine Gasse zur ruhigen *Piazza Sebastiano Satta,* die dem Andenken des aus Nuoro stammenden Dichters der Barbagia gewidmet ist. Die großen Granitfindlinge auf dem Platz erinnern an vorgeschichtliche Steinsetzungen. Über die Piazza San Giovanni führt die Via Tola zu Nuoros neoklassizistischen *Dom Santa Maria della Neve.*

CASA MUSEO DI GRAZIA DELEDDA

Das Geburtshaus der Dichterin (Nobelpreis 1926) gibt eine gute Vorstellung vom Leben und Wohnen einer reichen Familie um das Jahr 1900. *Via Grazia Deledda 42 | Okt.–Mitte Juni tgl. 9–13 und 15–19 | Mitte Juni–Sept. tgl. 9–20 Uhr*

MUSEO DELLE TRADIZIONI SARDE

Auch *Museo del Costume* genannt. Gut dokumentierter Überblick über Trachten und Kunsthandwerk der Provinz Nuoro, über Feste und Lebensverhältnisse. *Via Mereu 56 | Okt.–Mitte Juni tgl. 9–13 und 15–19 | Mitte Juni–Sept. tgl. 9–20 Uhr*

ESSEN & TRINKEN ÜBERNACHTEN

AGRITURISMO COSTIOLU

Der Bauernhof mit über 100 ha Weidefläche liegt an der Straße nach Bitti und ist ein guter Ausgangsort für die nördliche Barbagia und Nuoro. Zehn Gästezimmer im Hof, Essen in Hirtentradition nach Voranmeldung. *Tel. 07 84 26 00 88* | *www.agriturismocostiolu.com* | €

GRILLO

Nah beim Zentrum liegt dieses Mittelklassehotel mit gutem Restaurant. *46 Zi.* | *Via Monsignor Melas* | *Tel. 078 43 86 78* | *Fax 078 43 20 05* | €€

RIFUGIO ▶▶

Schmackhafte Hausmannskost in der Altstadt, abends zur Pizza ein beliebter Treff der jungen Leute des Ortes. *Mi geschl.* | *Via Mereu 28* | *Tel. 07 84 23 23 55* | €

>LOW BUDGET

> In Sadali am Südrand der Barbagia speist man üppig und nicht teuer in der *Trattoria su Stori (Di. geschl.* | *Tel. 078 25 90 42).*

> Einfache Unterkunft und gutes Essen gibt es in Desulo in der *Locanda La Nuova (7 Zi.* | *Tel. 07 84 61 92 51).*

> Zum Linientarif verkehrt die *Schmalspurbahn* mit 6 Zugpaaren am Tag auf der eindrucksvollen Strecke von Macomer nach Nuoro.

> 11 km von Barumini entfernt gibt es in Gergei im *Hotel Dedoni (18 Zi.* | *Tel. 07 82 80 80 60)* im Dorfpalast freundliches Ambiente und gute Küche zu günstigen Preisen.

EINKAUFEN

ISOLA

Insider Tip

Moderne, helle Ausstellungsräume: Teppiche aus der Barbagia, bestickte Seidenschals aus Oliena, Goldfiligranschmuck und Repliken aus Nuoro und Dorgali, Leder. Neben alten Formen auch neues, modernes Design. *Via Monsignor Bua 10 (Nähe Dom)*

AUSKUNFT

Piazza Italia 19 | *Tel. 07 84 23 88 78* | *www.comune.nuoro.it*, *www.provincia.nuoro.it*

ZIELE IN DER UMGEBUNG

FONNI UND GAVOI [119 D6]

Fonni 30 km südlich ist das höchstgelegene Dorf der Insel. Neubauten mischen sich mit alten Natursteinhäusern. Für Exkursionen ins Gennargentumassiv ist der Ort eine gute Basis. Unterkunft im *Hotel Sa Orte (27 Zi.* | *Via Roma 14* | *Tel./Fax 078 45 80 20* | *www.hotelsaorte.it* | €€), einem liebevoll restaurierten Granitpalast mitten in der Altstadt.

Von der Höhenstraße nach Desulo zweigt eine Stichstraße zum ☀ *Monte Spada* (1595 m) ab und eine Schotterstraße, die unter den Gipfeln des Gennargentu an der Wetterwarte vorbeiführt. Von hier sind es auf einem Pfad längs des Grates bis zur ☀ *Punta La Marmora* nur 45 Minuten Fußwanderung.

Das benachbarte *Gavoi* hat einen wohnlichen Ortskern und liegt, umgeben von vielen Nuraghen und Steinsetzungen (Hinweisschilder), in Wäldern und Bergweiden mit hohen Eichen. Das Restaurant *Santa Rughe (Mi geschl.* | *Tel. 078 45 37 74* | €–

Abendlicher Spaziergang auf dem Corso Garibaldi in Nuoro

€€) im Ort serviert gute Fleisch- und Pilzgerichte. Am nahen Stausee *Lago di Gusana* bietet *Agriturismo Fuego (Tel. 078 45 20 52 | €)* fünf Zimmer, bäuerliche Küche und Reitpferde.

MONTE ORTOBENE [119 E5]

Eine kurvenreiche Rundstraße führt auf den 955 m hohen Hausberg. Im Schatten von Bäumen und Granitbastionen machen hier viele Nuoresen sonntags Picknick. Oben steht eine Bronzestatue des Erlösers *(Il Redentore)*. Der Blick auf Stadt und Berge ist einmalig.

SARULE [119 D6]

In vielen Häusern des 30 km südwestlich gelegenen Orts stehen noch die hohen Webstühle, an denen drei oder vier Frauen die Teppiche weben, für die das Dorf auf der ganzen Insel berühmt ist. Klassische, einfache Hirtenküche der Barbagia serviert das Restaurant *Da Cannone (tgl. | Via Togliatti 2 | Tel. 078 47 60 75 | €)*.

OLIENA

[119 E6] Unter dem Steilabbruch des Supramonte staffelt sich das wohlhabende Bauerndorf (7700 Ew.), das für seinen starken Rotwein, den Cannonau, bekannt ist. Die schöne lokale Tracht legen die Einwohner auf Familienfesten an, zu Ostern, zur Festa di San Lussurio (21./22. August) und am 3. September. Die Seidenkopftücher sind wie die Trachten und der Goldschmuck kostbare Erbstücke.

ESSEN & TRINKEN ÜBERNACHTEN

CI KAPPA (CK)

Modernes, kleines Hotel im Zentrum, schick und behaglich. Im Restaurant feine Spezialitäten wie frische Pasta, Lamm, Ferkelbraten, Wild und Pilze. *7 Zi. | Via Martin Luther King | Tel. 07 84 28 87 21 | Fax 07 84 28 87 33 | €–€€*

ENIS – MONTE MACCIONE

Der *Monte Corrasi* (1463 m) ist höchster Gipfel dieser Urlandschaft mit zerfurchten, messerscharfen Felsen, verfilzter Macchia und dunklen Wäldern. Auf halber Höhe – steile Serpentinenstraße! – liegt das Lokal der Kooperative. Im Schatten von Steineichen wird traditionelle Küche serviert. Fragen Sie nach einem der Zimmer mit Zugang zur grandiosen Dachterrasse mit Blick auf Nu-

oro! Auch Wanderungen und Klettertouren in die Berge werden angeboten. *16 Zi. | Tel. 07 84 28 83 63 | Fax 07 84 28 84 73 | www.coopenis.it | €*

SU GOLOGONE ⭐

Auf halbem Weg nach Dorgali, 8 km von Oliena, liegt su Gologone an der großen Quelle, wo der Cedrino aus dem Berg kommt. Es ist von Grün umgeben und mit sardischen Antiquitäten und Kunsthandwerk eingerichtet. Im Freien werden Lämmer und Ferkel geröstet. *67 Zi. | Tel. 07 84 28 75 12 | Fax 07 84 28 76 68 | www.sugologone.it | €€€*

ZIELE IN DER UMGEBUNG

ORGOSOLO [119 E6]

15 km südlich liegt Sardiniens wohl bekanntestes Dorf (4800 Ew.), sogar die großen Ausflugsbusse aus der Gallura fahren hin, man muss da ge-

> BLOGS & PODCASTS
Gute Tagebücher und Files im Internet

> **www.sardinienforum.de** – Deutsche Internetforen zu Italien beschränken sich meist aufs Reisen. Besonders viele konkrete Fragen und Antworten findet man auf dieser Seite, die zudem sehr benutzerfreundlich gegliedert ist und fast täglich neue Beiträge bringt.

> **www.youtube.de** – einfach das Stichwort Sardinien eingeben und jede Menge private Kurzfilme werden aufgelistet, zu allen möglichen Themen wie Klettern, Mottorradtour, Strände, Surfen und vieles mehr.

> **http://german.discover-sardinia.com/forum/** – Deutschsprachig und eher auf Hintergrundinfos zu Land und Leuten ausgerichtet.

> **www.italienforum.info** – Hier trifft sich eine Community, die zum Teil in Italien lebt und sich über weit mehr Themen austauscht. Aber das Reisen kommt nicht zu kurz.

> **http://www.sardinien.com/erlebnisberichte_sardinien/reiseberichte_sardinien_intro.cfm** – Private Reiseberichte mit Fotos zu Urlauben auf der Insel.

wesen sein, im Ort von Blutrache, Banditen und Rebellion gegen den Staat. Auf den ersten Blick ist es ein ganz normales Dorf mit vielen Neubauten. Ungewohnt für ein Dorf wirken jedoch die große Polizeikaserne und die vielen *murales,* auch in ganz versteckten Seitengassen. Die drücken sehr klar aus, was die Orgolesi drückt: Arbeitslosigkeit und Auswan-

Bescheidenes Hotel im Zentrum mit ordentlicher Küche und ein Treff von jungen Leuten ist das ▶▶ *Petit Hotel (20 Zi. | Tel./Fax 07 84 40 20 09 | €).* 5 km in Richtung Funtana Bona liegt im Eichenhain ein Haus mit acht einfachen Zimmern und einem Blick auf eine Landschaft wie im Western: Im *Ai Monti del Gennargentu (tgl. | Tel. 07 84 40 23 74 | € –*

Murales: Die ausdrucksstarken Wandbilder erzählen sardische Geschichte(n)

derung, die soziale Lage der Hirten, die Diskriminierung der Sarden im eigenen Land, die Arroganz der Politiker, die Angst, auf ihrer Insel Fremde zu werden. Hier wurden, zusammen mit Berufskünstlern, die ★ *murales* von den Dorfbewohnern selbst geschaffen, machten ganze Schulklassen mit und werden immer wieder neue Themen aufgegriffen.

€€) gibt es Hirtenküche und dazu den roten Wein von Orgosolo.

VALLE DI LANAITTU [119 E6]
Beim Hotel su Gologone zweigt eine steile Schotterstraße ins Hochtal *Valle di Lanaittu* ab, die bis unterhalb der nicht frei zugänglichen Höhlen su Bentu und sa Oche leidlich befahrbar ist.

> ZU NURAGHEN UND HINAUF IN GRÜNE BERGOASEN

Die wilde Berglandschaft ist atemberaubend, alte Heiligtümer lassen Geschichte lebendig werden

Die Touren sind auf dem hinteren Umschlag und im Reiseatlas grün markiert

1 VON ALGHERO IN DEN ZAUBERWALD VON BADDE SALIGHES

Die Tour führt vom Meer rasch hinauf auf die Hochebene von Campeda. Unterwegs können immer wieder altertümliche Nuraghen, Menhire und *domus de janas* bestaunt werden. Ziel der Tour ist der Wald von Badde Salighes, im Sommer eine wunderbar kühle, grüne Oase. Zwei Tage sollten Sie sich für die rund 160 km lange Tour schon gönnen.

Bild: Die malerische Altstadt von Alghero

Unmittelbar hinter **Alghero** *(S. 43)* klettert die Straße in Serpentinen auf die **Scala Piccada**, wo man auf 355 m Höhe einen großen Teil Nordwestsardiniens unter sich liegen sieht. Bis zum Dorf **Villanova Monteleone**, das für seine Teppich- und Deckenweberei bekannt ist, geht es durch einsames Wald- und Buschland, das von Herden halbwilder Hausschweine durchstreift wird, die ebenso schwarz sind wie Wildschweine. Weithin sichtbar

AUSFLÜGE & TOUREN

ist der 644 m hohe Monte Minerva, eine unverwechselbare Landmarke. Er ist wie die anderen Tafelberge und die weiten Hochebenen vulkanischen Ursprungs. Auf einem Kegelberg über dem Temostausee stehen eng gebaut die Häuser von **Monteleone Rocca Doria**, überragt von den Mauerresten des namengebenden genuesischen Kastells.

Die Landschaft wird nun offener. Felder wechseln mit Weiden, die Dörfer liegen dicht beieinander, ganz und gar untypisch für Sardinien. Sie sind groß, und ihre Kirchen und Klöster erzählen von besseren Zeiten. Einen schönen Überblick bekommt man von der einsam in den Bergen gelegenen **Wallfahrtskirche** auf dem **Monte Bonu Ighinu**, die man in einem Abstecher von 3 km auf einer Teerstraße erreicht. In **Padria** kann man gut essen in der Trattoria **Zia Giovanna** (*Sa geschl. | Via Fratelli Sulis 9*

| *Tel. 079 80 70 74 | €)*. Im benachbarten **Pozzomaggiore** beeindruckt die katalanisch-gotische **Pfarrkirche** durch ihre Größe, während vor dem Dorf an der Straße nach Semestene die winzige Landkirche **San Nicolò di Trullas** steht, die im 13. Jh. von toskanischen Meistern erbaut wurde.

Die Hochebene **Campeda**, die Sie nun erreichen, ist rund 30 km lang, 10 bis 12 km breit und zwischen 500 und 700 m hoch. Sie ist eine natürliche Bastion, die den Norden vom Süden Sardiniens trennt. Hier und in den unmittelbar angrenzenden Landschaften, der **Valle dei Nuraghi** zwischen Bonorva und Ittireddu im Norden und der südlich gelegenen, 200 m tieferen **Hochebene von Abbasanta**, sind mehr Zeugnisse aus der Vorgeschichte als im Rest Sardiniens zu sehen: Nuraghen, Brunnentempel, Menhire, Gigantengräber und Feengrotten *(domus de janas)*. Die Hirten haben der Gegend in Jahrtausenden ihre Gestalt gegeben: Weideland mit locker stehenden Bäumen, meist Kork- und Steineichen, die vom ewigen Wind schief geblasen worden sind. Trockensteinmauern zerteilen die riesenhaften Flächen, an Kreuzungen und Wasserstellen stehen Nu-

raghen und christliche Kirchen, nicht selten an alten heidnischen Kultstellen. Man sieht es an den meist mehrere Tausend Jahre älteren Steinsetzungen, die nicht immer dem Glaubenseifer der Mönche und Dorfpfarrer zum Opfer gefallen sind. Essen und übernachten können Sie in **Bosa** *(S. 48)* am Meer.

Am nächsten Tag Richtung San Leonardo/Monte Sant'Antonio fahren und dann nach 7 km rechts in die kleine, deutlich beschilderte Erdstraße einbiegen, die zur Menhirreihe und zum Nuraghen von *Tamuli* führt.

Sechs sorgfältig abgerundete Steinsäulen stehen dort, drei davon haben Brüste. Drei Megalithgräber und ein Nuraghe stehen in der Nähe, von der steinigen Anhöhe des ✿ **Monte Sant'Antonio** genießt man einen weiten Blick, der vom Meer bis zur Sinishalbinsel und zu den Bergen des Gennargentu geht.

Borore liegt eine Hochebenenstufe tiefer. Zum gut erhaltenen **Nuraghen Imbertighe** und einem großen und ebenfalls gut erhaltenen **Gigantengrab** kommt man von der Umgehungsstraße auf der Ausfahrt nach Sedilo. Die beiden nächsten Orte, **Bortigali** und **Silanus**, liegen unter dem

❯ QUATTRO MORI
Tragen die vier Mohren Augen- oder Stirnbinde?

Die vier Mohrenköpfe in den Kreuzfeldern sind Bestandteil des Wappens von Sardinien. Wie sie ins Wappen geraten sind, ist unbekannt, vielleicht im Zusammenhang mit den Sarazeneneinfällen aus Nordafrika. Der Sitz der Augen- oder Stirnbinde ist strittig. Als die Spanier um 1300 das Wappen einführten, machten sie Augenbinden daraus. Die Sarden waren für sie dumm und zerstritten. Die Köpfe sind auch Symbol für die Autonomiebewegung, dort aber tragen die Köpfe eine Stirnbinde, und die Augen sind offen.

Santa Sabina bei Silanus ist ein besonders gut erhaltener Nuraghe

in die Berge, die reich an Wasser und Schatten sind. An der Passhöhe zweigt nach links eine Schotterstraße ab nach *Badde Salighes.*

Insider Tipp

Das „Tal der Salweiden" ist eine flache Senke auf der Campedahochebene, eine grüne Oase mit Steineichen, Wacholdern und Eiben, die zu den ältesten Bäumen Europas zählen, klaren Quellen, die hier im Sommer die Sarden zu Hunderten hochlocken. Sie kühlen die Melonen und Weinflaschen unter dem kalten Wasserstrahl, rösten Schweinchen in der Glut, bringen Ziehharmonika oder Kassettenrekorder zum Klingen und tanzen *ballo sardo*. Hier, nicht weit vom höchsten Punkt der Bahnlinie Olbia–Cagliari entfernt, baute sich einst der Leiter der Bauarbeiten, der englische Ingenieur Benjamin Piercy, seine Villa und pflanzte Bäume aus fernen Kontinenten, die in 130 Jahren zu Riesen geworden sind.

Die nahe Wallfahrtskirche **Santa Maria di Sauccu** steht unter hohen Eichen und ist von *cumbessias* umgeben, jenen kleinen Häusern, in denen die Pilger für Tage bleiben, wenn die Madonna zum Fest eingeladen hat (Mitte August bis Anfang September). Auf den letzten 6 km haben Sie an ruhigen Tagen im Sommer und Herbst gute Chancen, den sonst seltenen Wiedehopf zwischen Kühen und Pferden stolzieren zu sehen.

600 bis 800 m hohen Steilhang der Marghinekette, beides reizvolle, sehr ruhige Dörfer mit Gärten und kleinen Häusern. In Silanus ist im Ort das romanische Kirchlein **San Lorenzo** mit einem Menhir in Phallusgestalt davor sehenswert, in der Ebene zudem die eigenwillig verbaute Kirche **Santa Sabina** (S. 50), die einem sehr gut erhaltenen Nuraghen Gesellschaft leistet.

In Bolotana steigt die Straße hoch

2 AUF NEBENSTRASSEN VON CAGLIARI IN DEN GENNARGENTU

Diese Tour, für die Sie einen oder zwei Tage veranschlagen sollten, führt gut 200 km lang hinauf in die wilde Berglandschaft des Gennargentumassivs. Neben vorchristlichen Bauten und einer Höhle sind es vor allem die schroffen Berge und grünen Flusstäler, die den Reiz dieser Tour ausmachen.

Zuerst führt die Straße von Cagliari *(S. 58)* Richtung Dolianova durch die Vororte, bald wird es ländlich. Dolianova ist der Hauptort dieses freundlichen Hügellandes, das Sardiniens Hauptweinbaugebiet ist, und besitzt eine große romanische Kathedrale. Ein Abstecher über den Nachbarort Serdiana und von dort 3 km Richtung Sestu führt zur kleinen Landkirche Santa Maria di Sibiola, die zu einem einst mächtigen Kloster gehörte.

Die Route führt weiter nach Norden, die Hügel werden karger und höher. In Senorbi gibt das Gutshaus (Museum) sa Domu Nostra einen Einblick in das Landleben, wie es noch vor wenigen Jahrzehnten war.

Die Straße führt jetzt ins einsame Hirtenland des Gerrei nach *Goni,* wo vor dem Ort erst kürzlich unter dichter Macchia ein großes vorgeschichtliches Heiligtum entdeckt wurde. Lange Menhirreihen, Steinkammergräber, Brunnentempel liegen auf der weiten, von Korkeichen bestandenen Hochebene Pranu Mutteddu.

Über Ballao im lieblichen und selbst in der Sommerhitze grünen Flumendosatal ringelt sich die Straße zu den Hochebenen, die aus rotem, grünem und schwarzem Trachyt gebildet sind, einem Vulkangestein, und den Übergang zu den Barbagiabergen im Herzen der Insel bilden. Tiefe Täler, heute zum Teil von langen, schmalen Stauseen ausgefüllt, zerschneiden dieses einsame und praktisch völlig kahle Hochland, das in der Vorgeschichte einmal eine große Bedeutung besessen haben muss, sicher auch als Verteidigungslinie der unabhängigen Bergsarden gegen die Punier und Römer, wenn man die zahlreichen Wasserheiligtümer, Gigantengräber und Nuraghen sieht. Vor Escalaplano führt ein kurzer Fußweg zum gut erhaltenen

Die Schafe der Barbagia geben die Milch für den würzigen Pecorinokäse

Brunnentempel **Funtana Coberta** aus dem 10. Jh. v. Chr. Zwölf Stufen führen in die überwölbte Kammer.

Von Escalaplano, das von Korkeichenhainen umgeben ist, schlängelt sich die Straße ins Tal und gleich wieder hinauf auf die Hochfläche zwischen Flumendosa- und Mulargiastausee. Sie eröffnet weite Aussichten auf das **Hochland der Ogliastra** mit ihren schroffen Felsbastionen und die Barbagia mit ihren runden, alles überragenden Bergrücken. Eine Stichstraße führt zu einer der imposantesten Nuraghenfestungen Sardiniens, zum **Nuraghe Orrubiu**, dessen Türme und Außenmauern aus rotem Trachyt errichtet sind. Der Innenhof mit Brunnen wird von einer fünftürmigen Bastion umschlossen, die beiden unterirdischen Gewölbe dürften der älteste erhaltene Weinkeller der Geschichte sein.

An der Straße nach **Orroli**, dessen Häuser ganz aus rosa Lavastein gebaut sind, stehen weitere Nuraghen, während vor Nurri römische Meilensteine daran erinnern, dass hier die **Römerstraße** von Cagliari nach Olbia verlief. Die Straße verläuft für die nächsten 30 km fern von Ortschaften und überquert immer wieder die Schmalspurbahn. **Sadali** (S. 84) besitzt einen Dorfkern mit mittelalterlichen Häusern und einem 150 m hohen Wasserfall. Zur Höhle **Grotta de is Janas**, einer 200 m tiefen Tropfsteinhöhle (Besichtigung möglich, Führungen), sind es 1,5 km (Parkplatz, Bar und Imbiss vorhanden). Auf Seui zu wird die Landschaft bewegter. Felsnadeln, Steilwände, Quellen, Bachläufe und Wald mit uralten Steineichen, Eiben und Ilex bilden im

Verwinkelte Gassen tragen zum rauen Charme der Bergdörfer bei

Naturschutzgebiet Montarbu eine grüne Oase, wo Sie mit ein wenig Glück Wildschweine und Mufflons sehen können. 9 km hinter dem ehemaligen Grubenarbeiterdorf **Seui** mit schönen Granithäusern zweigt die Nebenstraße zum Lago Alto Flumendosa und zum Montarbu ab, die unterhalb der Felswände des Monte Tonneri verläuft. Jenseits der Mulde des Flumendosatals erheben sich die Berge des Gennargentu. Unterhalb des Monte Perda 'e Liana, dessen von einer Felsnadel bekrönter Bergkegel eine weithin sichtbare Landmarke ist, führt eine Piste zum nahen Pass, wo Pfade zum **Gipfel des Monte Tonneri** beginnen (leichte Wanderung, ca. 1½ Std.). 12 km weiter mündet die Straße nahe der Staumauer in die Fernstraße Nuoro–Lanusei ein.

Insider Tipp

EIN TAG IN CAGLIARI
Action pur und einmalige Erlebnisse.
Gehen Sie auf Tour mit unserem Szene-Scout

CAPPUCCINO & CO.

9:30

Nur keine Hetze! Der Tag beginnt relaxt und selbstverständlich in alt-italienischer Art, mit Cappuccino und Cornetto (Hörnchen). Im *Caffè Svizzero*, dem historischen Café-Klassiker am Largo Carlo Felice, einen Fensterplatz sichern und die Sarden beobachten, am Käffchen nippen und sich auf den Tag freuen. **WO?** *Largo Felice Nr. 6, im Viertel Stampace*

10:30

VERBORGENE SCHÄTZE

Auf zum Flohmarkt auf der Piazza Trento. Tische voller Trödel, Antiquitäten und Kunstgegenstände – hier ein wenig stöbern, da ein wenig feilschen. Des Italienischen nicht mächtig? Kein Problem! Die Händler verstehen sich prächtig auf die Sprache mit Händen und Füßen. Rein ins Getümmel und ein Souvenir erstehen.

WO? *Piazza Trento, zwischen Viale Trieste und Viale Trento | sonntags von 8 bis 14 Uhr*

DAS MEER RUFT

11:30

Nach der hitzigen Preisdebatte wartet das Meer. Surfbrett ausleihen und in die kühlen Fluten stürzen. Der Wind bläst, die Wellen sind genau richtig und der Spaß ultimativ. Der sechs Kilometer lange Strand von Poetto ist der Hausstrand der Cagliaritani und der perfekte Ort zum Surfen. Anfänger belegen Kurse beim *Windsurfing Club Cagliari*. Herrlich, wenn das Wasser einem um die Nase spritzt! **WO?** *Windsurfing Club Cagliari, Via Marina Piccola | Preis: ca. 25 Euro pro Stunde | www.windsurfingclubcagliari.it*

13:00

KUNSTGENUSS

Zeit, ein Original kennen zu lernen. Einfach in der Via Corte d'Appello 37 anklopfen und bei Alberto dal Cerro vorbeischauen. Der Künstler und Restaurator freut sich über

jeden Besucher. Mit ein wenig Glück lässt er einen selbst ran an Hammer und Meißel und zeigt, wie aus einem rohen Steinklotz eine Figur entsteht. **WO?** *Via Corte d'Appello 37*

24 h

LA DOLCE VITA

15:00

Sobald man die Bäckerei *Durke* betritt, schlägt das süße Herz Purzelbäume. So klein, so kunstvoll, so lecker – die Pralinen, Plätzchen und kleinen Törtchen, die in den Vitrinen liegen, sind fast zu schade zum Essen. Doch keine Scheu, rein damit und genießen! Nebenbei einen Blick auf die Besitzer, die alten Öfen und den Laden werfen: Auch sie sind ein Augenschmaus! **WO?** *Via Napoli 66 | www.durke.com*

16:30

AUFGESATTELT

Mit einem Taxi und vollem Magen zur *Ranch Is Morus* brausen. Dort angekommen, wird das Pferd gesattelt und anschließend im Galopp die Küste entlang gejagt. Wenn der Wind durch die Haare weht und die Augen tränen, weiß man, wie sich Freiheit anfühlen muss. **WO?** *Santa Marghertita di Pula | Preis: 40 Euro pro Stunde | www.ranchismorus.it*

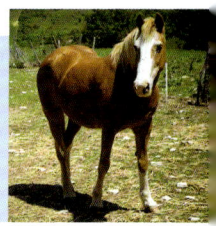

DINNER AM STRAND

21:00

Natur macht hungrig, also schnell zu den super angesagten *Chioschetti del Poetto*, was übersetzt die Kioske von Poetto heißt. Einer von ihnen ist das *Mare Forza 9*. Unbedingt die sardische Spezialität, Spaghetti mit Seeigel-Sauce, bestellen. Unterm Sternenhimmel schmecken Pasta und Wein unbeschreiblich. **WO?** *Lungomare Poetto Fronte Ottagono | www.ilpoetto.com*

23:30

DANCING QUEEN

Genug geschlemmt. Die Füße können kaum mehr still stehen und die Beats wehen schon leise über den Strand. Jetzt heißt es party on! Dazu bleibt man gleich am Strand. In der Nobeldisko *Lido* tanzt man bis zum Morgen. Tipp: Mittwochs ist der Eintritt frei. **WO?** *Il Lido, Viale Poetto 41*

> WIND UND WELLEN, BERGE UND BOOTE

Tauchen und Schnorcheln an den Felsküsten, Wandern durch Schluchten und auf alten Maultierpfaden

> Über 1800 km Meeresküste besitzt Sardinien. Bis auf kurze Abschnitte vor den großen Häfen und Industrierevieren sind sie einladend sauber. Wassersport wie Schnorcheln und Tauchen, Segeln und Surfen ist rund um die Insel möglich.

Nicht minder attraktiv sind Wanderungen in den Bergen des Landesinneren. Umfassende und aktuelle Informationen über das Sportangebot und sportliche Events finden Sie im Internet auf *www.sardinien.com*

(deutsch) und in den beiden Onlineausgaben der sardischen Tageszeitungen *www.lanuovasardegna.it* und *www.unionesarda.it*.

■ GOLF

Golfspieler können auf Sardinien auf drei großen 18-Loch-Plätzen den künstlich bewässerten grünen Rasen bespielen: *Pevero Golf Club (Tel. 07 89 95 80 00)* an der Costa Smeralda ist der edelste Platz, *is Molas*

SPORT & AKTIVITÄTEN

(Tel. 07 09 24 10 13) an der Südküste bei Santa Margherita di Pula ist Austragungsort internationaler Meisterschaften, der Platz *is Arenas Golf Resort (Tel. 078 35 22 35 | www.isarenas.it)* an der Westküste bei Oristano ist noch ganz neu. Direkt an der Klippenküste von San Teodoro liegt mit Blick auf die Insel Tavolara der 9-Loch-Platz *Punta Aldia (Tel. 07 84 86 44 77)*. Aktuelle Infos gibt es unter *www.federgolf.it*.

KAJAK

Die Steilküste im Osten zwischen Orosei, Cala Gonone und Santa Maria Navarrese ist bei ruhiger See ideal für Fahrten mit dem Kajak, das klein genug ist, um in die schmalsten Fjorde, die kleinsten Buchten und in Meeresgrotten zu gelangen. Geführte Touren veranstaltet *Cielomar (Tel. 07 84 92 00 14* oder *34 82 24 34 36 (Handy) | www.cielomar.it)* an der Hafenmole in Cala Gonone.

RADFAHREN

Die Fahrten von der Küste hinauf in die Berge fordern mit Höhenunterschieden weit über 1000 m heraus. Fahrräder können in den meisten Zügen und in vielen Linienbussen mitgenommen werden.

Mountainbiketouren an der Steilküste der Sinishalbinsel und den Lagunen im Landesinneren organisiert ►► *Camping Nurapolis (Narbolia/is Arenas | Tel. 078 35 22 83 | www.nurapolis.it)*. Ein Top-Mountainbikeladen mit vielen Infos zu Touren, Büchern, Karten und Ausrüstung ist *BC di Luca Cannas in Cagliari (Via Cavaro 6 | Tel. 07 04 52 10 37)*. Engagiertes Personal. Alles rund ums Mountainbike und 19 Tourenbeschreibungen in Deutsch gibt es auf der Website *www.bikesardegna.it.*

REITEN

Reiten, zum Teil als geführte Tagesexkursion, zum Teil als Mehrtagetrek, wird besonders im Gennargentugebirge, in den Bergen der Ogliastra und auf den Hochebenen im Landesinneren angeboten. Viele Agritourismus-Ferienbauernhöfe haben Reitpferde. Wandern und Pferdetrekking zu den Höhlen, Schluchten und Stränden des Supramonte von Baunei bietet die Kooperative *Goloritzè (Golgo/Baunei | Tel./Fax 07 82 61 05 99, Tel. 36 87 02 89 80 | www.coopgoloritze.com)* mit Übernachtungen unterwegs.

SEGELN & BOOTSCHARTER

Ideal zum Segeln ist die gesamte Galluraküste. Die Costa Smeralda, die Inseln des Nationalparks La Maddalena und Capo Testa ganz im Norden sind mit Sporthäfen bestens ausgestattet. Stark im Kommen ist im Nordwesten als Segelrevier der Golf von Asinara mit Häfen in Castelsardo, Stintino und Alghero. Informationen bekommen Sie unter *www.ferien-in-sardinien.com,* wo Sie auch Yachten und Segelboote verschiedener Klassen mieten können.

SURFEN

Zum Surfen sind vor allem die windreichen Küsten im Norden geeignet,

An der windreichen Küste bei Palau finden Surfer viele geeignete Strände

besonders zwischen Olbia und Castelsardo (der Intreff ist ▶▶ *Porto Pollo* bei Palau), aber auch der Westen, soweit dort Flachstrände wie bei Stintino, Alghero, an der Sinishalbinsel (Capo Mannu, Putzu Idu, Funtana Meiga) und an der Costa Verde vorhanden sind. Im Süden sind das Gebiet um Torre Chia und Capo Carbonara bei Villasimius spitze.

◼ TAUCHEN

Ideale Bedingungen finden Taucher und Schnorchler an den Felsküsten, besonders dort, wo der Untergrund mit Klippen den Meerestieren Lebensraum mit Verstecken, Kinderstube und gutem Nahrungsangebot bietet. Tauchkurse für Anfänger, Fortgeschrittene und Profis an den schönsten Stellen in der Inselwelt des Nationalparks La Maddalena bieten (mit Unterbringung in Ferienwohnungen oder auf dem Campingplatz) *Franz Klotz in Cannigione (Tel. 32 95 47 69 27 | www.subway-sardinien.de)* und ganz im Südosten bei Villasimius Wrack- und Naturtauchen im Meerespark ▶▶ Capo Carbonara die *Tauchschule MM (Torre delle Stelle | Tel. 070 78 67 18 | Fax 070 75 08 09 | www.mannidiving.net).*

◼ WANDERN & BERGSPORT

Die Berge, die einsamen Hochplateaus und besonders im Osten im Supramonte um Dorgali, Baunei, Urzulei und Oliena die beeindruckenden Schluchten sind zum Wandern perfekt. Viele der Wege folgen den heute außer Gebrauch gekommenen *mulattiere* und *tratturi,* den alten Maultier- und Viehtrassen. Wanderkarten und Wegmarkierungen gibt es wenig, so-

Der Berg ruft: Alte Maultierwege ziehen sich durch den Supramonte

dass Sie sich geführten Tagestouren anschließen oder Wanderferien bei Spezialveranstaltern buchen sollten.

Wandern und Bergsport im Supramonte in geführten Kleingruppen *Insider Tipp* bieten mehrere Bergführer-Kooperativen in Dorgali, Urzulei und Oliena an: *Centro Escursioni in Sardegna | Viale Colombo | Cala Gonone | Handy 34 96 72 77 50 | Fax 078 49 46 90 | www.escursioniinsardegna.com; Società Gorropu | Via Sa Pedra Lada 2 | Urzulei | Tel. 07 82 64 92 82 | Infos auch an der SS 125 Richtung Dorgali an der Bar sa Domu s'Orku | www.gorropu.com; Cooperativa Enis – Monte Maccione | Oliena | Tel. 07 84 28 83 63 | Fax 07 84 28 84 73 | www.coopenis.it*

> SANDSTRÄNDE UND BERGPICKNICK

Ideale Badereviere für Kinder sind die vielen Feinsandbuchten, auf deren Dünen oft Schatten spendende Pinien stehen

> Allen Italienern geht das Herz auf, wenn sie Kinder sehen. Für die *bambini* machen sie alles, auch wenn es nicht die eigenen sind. Und die Eltern werden gleich in diese offen gezeigte Sympathie miteinbezogen. Für Kinder kann Sardinien großartige Ferienerlebnisse bieten, weit mehr als nur Strand und Eisdiele.

Bis auf den Lunapark mit Karussell und Ständen mit grellbuntem Plastikspielzeug, den es im Sommer in den meisten Ferienorten am Meer gibt, sind eigens auf Kinder ausgerichtete Angebote praktisch nicht vorhanden, schon gar nicht solche mit dem Gütesiegel „pädagogisch wertvoll".

Ausgesprochen kinder- und familienfreundlich sind einige Campingplätze an den breiten Sandstränden im Nordwesten und Westen: in Valledoria *International Camping (Tel. 079 58 40 70 | Fax 079 58 40 58 | www.campingvalledoria.com)* und *La Foce (Tel. 079 58 21 09 | Fax 079*

MIT KINDERN REISEN

58 21 91 | *www.lafoce.it),* auf der Sinishalbinsel bei Santa Caterina di Pittinuri *Nurapolis (Tel. 078 35 22 83 | Fax 078 35 22 55 | www.nurapolis.it).* Alle drei bieten deutschsprachige Programme und Betreuung für Kinder und Jugendliche an.

Im Restaurant werden in Italien auch fünfjährige Kinder als normale Esser angesehen, die dann in jedem Gang etwas herumstochern. Wenn Ihr Kind einen Teller Spaghetti oder einen Fisch und sonst nichts haben möchte, erklären Sie das dem Kellner. Und machen Sie öfter mal ein Picknick, wie das die Sarden tun, am besten am Wochenende, wenn auf dem Land richtig Leben herrscht.

Flache Strände mit feinem, weichem Sand und sanften Wellen, an denen Kinder gefahrlos baden und planschen, buddeln und bauen können, gibt es nicht überall in Sardinien. Die Ost- und die Südküste sind kinderfreundlicher, weil sie weniger den heftigen Winden ausgesetzt sind.

Ideale Badereviere für Kinder sind die langen Feinsandbuchten an der nördlichen Ostküste um *San Teodoro,* **Budoni,** *Siniscola* und *Orosei,* auf deren Dünen oft schattige Pinienwälder stehen. Ebenso sanft sind die kleineren Strandbuchten weiter südlich um *Santa Maria Navarrese, Bari Sardo, Marina di Gairo* und im Südosten an der *Costa Rei.* Wenn der *Poetto,* der stadtnahe Strand von Cagliari mit seinem Lidobetrieb, nicht hochsommerlich überlaufen ist, finden Kinder dort ein Plantschparadies mit weißem Sand, vielen Gleichaltrigen und Eisdielen. *Porto Pino* und *Porto Botte* nahe der Insel Sant'Antioco sind im sonst raueren Westen auch für Kleinkinder geeignet.

Die *Costa Verde* besticht mit ihrem kilometerlangen Sandstrand und Dünen, die mehrere Hundert Meter hoch sind. Nehmen Sie Wasser und Getränke, Picknick und Sonnenschirm mit! Ähnlich unendliche Strände gibt es im Norden der *Sinishalbinsel,* die allerdings zum Teil von gigantisch großen Campingplätzen besetzt sind.

Schneeweiß und fein wie Grieß ist der Badestrand von *Alghero.* An der Nordküste sind bei Eltern und Kindern besonders die langen Feinsandstrände von *Valledoria* beliebt. Im Nordosten zwischen *Santa Teresa di Gallura* und *Costa Smeralda* sorgen die tiefen Buchten mit ihren vorgelagerten Klippen, Inselchen und Landzungen vielfach für den Schutz vor starker Brandung.

„Meine sind größer!" „Ich hab' viel mehr!"
Zwei kleine Fischer erörtern die Fangquote

■ DER NORDWESTEN

BADDE SALIGHES   [125 E3]

Ein Märchenwald bei Bolotana aus uralten Eiben und Eichen mit kleinen Quellen und der romantischen verlassenen Villa Piercy im ebenso verlassenen Park, wo Sie den Kindern Märchen erzählen können.

■ DIE OSTKÜSTE

FAHRT MIT DER KLEINBAHN   [121 D–F2]

Eisenbahnromantik in einer Wildwestlandschaft erleben Sie auf einer Fahrt mit der Kleinbahn der Ferrovie della Sardegna von Arbatax nach Sadali und eventuell weiter bis Mandas. *Mai–Mitte Sept. tgl. 2 Züge in beiden Richtungen | Info: Tel. 800 46 02 20 und Tel./Fax 070 58 02 46 | www.*

treninoverde.com | hin und zurück 22 Euro | Kinder von 4–11 Jahren 11 Euro

DAS LANDESINNERE

GIARA DI GESTURI [120–122 C–D2]

Ab Gesturi, Tuili und Genoni führen Straßen auf die Hochebene, wo meist 30 bis 60 Minuten zu Fuß ausreichen, um eine der Wildpferdherden zu sehen. Am Ende der Straße von

In einer wilden Naturlandschaft leben über 100 sardische Hirsche, Mufflons, Wiesel, Marder und Füchse, in den Morgenstunden fliegen oft Adler und Habichte aus den umliegenden Bergen vorbei. Man kann auf dem Hof auch gut essen und bei längerem Aufenthalt im Zelt oder Wohnmobil übernachten. *Fonni | an der Straße zum Monte Spada | Tel. 078 45 85 75*

Für die bambini machen sie alles – da sind die Sarden ganz Italiener

Tuili trifft man oft auf Ranger des Naturparks. Auskunft: *Cooperativa Sa Jara Manna | Barumini am km 44 der SS 197 | Tel./Fax 07 09 36 81 70 | www.sajaramanna.it*

PARCO DONNORTEI [121 D1]

Ein Tierpark mit sardischen Wildtieren zum Anschauen (und Streicheln) ganz aus der Nähe gehört zum *agriturismo*-Betrieb der Familie Serusi.

SARDEGNA IN MINIATURA [120 C3]

Sardisches Legoland mit Baudenkmälern, Folklore und Schaubildern neben dem großen Königsnuraghen su Nuraxi bei Barumini. *Jan.–Ostern tgl. 10 Uhr–Sonnenuntergang | Ostern–Sept. tgl. 9 Uhr–Sonnenuntergang | Okt. Sa/So, Nov./Dez. So 10 Uhr–Sonnenuntergang | 6 Euro | Kinder 4 Euro | unter 1 m frei | www.sardegnainminiatura.it*

> VON ANREISE BIS ZOLL

Urlaub von Anfang bis Ende: die wichtigsten Adressen und Informationen für Ihre Sardinienreise

ANREISE

AUTO

Die gängigen Verbindungen führen über Genua, La Spezia, Civitavecchia und Livorno. Erkundigen Sie sich: Für Vor- und Nachsaison gibt es attraktive Angebote für die Anreise über Korsika.

BAHN

Die Tirrenia-Fähren von Genua nach Porto Torres und von Civitavecchia nach Olbia und Cagliari haben direkten Bahnanschluss. Der schnellste Weg nach Civitavecchia führt über Rom. Für den Übergang vom Zug zum Schiff sollten Sie üblicherweise zwei Stunden Zeit einplanen.

FLUGZEUG

Preiswerte Linienflüge nach Olbia und zum Teil auch nach Cagliari und Alghero bieten HLX *(www.tuifly. com)*, Ryanair *(www.ryanair.com)* und Air Berlin *(www.airberlin. com)* an. Charterflüge gehen fast immer nach Olbia, Cagliari und Alghero. Frankfurt–Olbia und zurück ab ca. 360 Euro.

SCHIFF

Die Überfahrt von Genua, La Spezia, Livorno und Civitavecchia findet meist in der Nacht statt. Buchungen zwischen 15. Juni und 15. Sept. unbedingt frühzeitig vornehmen! In der Hochsaison haben Reisende mit Auto

> WWW.MARCOPOLO.DE

Ihr Reise- und Freizeitportal im Internet!

> Aktuelle multimediale Informationen, Insider-Tipps und Angebote zu Zielen weltweit ... und für Ihre Stadt zu Hause!

> Interaktive Karten mit eingezeichneten Sehenswürdigkeiten, Hotels, Restaurants etc.

> Inspirierende Bilder, Videos, Reportagen

> Kostenloser 14-täglicher MARCO POLO Podcast: Hören Sie sich in ferne Länder und quirlige Metropolen!

> Gewinnspiele mit attraktiven Preisen

> Bewertungen, Tipps und Beiträge von Reisenden in der lebhaften MARCO POLO Community: *Jetzt mitmachen und kostenlos registrieren!*

> Praktische Services wie Routenplaner, Währungsrechner etc.

Abonnieren Sie den kostenlosen MARCO POLO Newsletter ... wir informieren Sie 14-täglich über Neuigkeiten auf marcopolo.de!

Reinklicken und wegträumen!
www.marcopolo.de

PRAKTISCHE HINWEISE

ohne Platzreservierung kaum eine Chance. Schnellfähren (vier bis fünf Stunden) nach Olbia verkehren ab La Spezia, Livorno und Civitavecchia. Übersicht: *www.traghetti.com*.

■ AUSKUNFT VOR DER REISE ■

STAATLICHES ITALIENISCHES FREMDENVERKEHRSAMT ENIT

– *Kaiserstr. 65 | 60329 Frankfurt | Tel. 069/23 74 34 | Fax 069/23 28 94 | www.enit.de*
– *Kärntnerring 4 | 1010 Wien | Tel. 01/505 16 39 | Fax 01/505 02 48 | www.enit.at*
– *Uraniastr. 32 | 8001 Zürich | Tel. 043/466 40 40 | Fax 043/466 40 41 | www.enit.ch*

■ AUSKUNFT AUF SARDINIEN

Die Einrichtung von touristischen Informationsstellen in Sardinien war bei Redaktionsschluss noch in Gang, die wichtigsten Ferienorte und Provinzhauptstädte haben inzwischen meist ein *ufficio turismo*. Oft ist es im Rathaus untergebracht. Sonst bekommen Sie Informationen vor Ort in Reisebüros und bei der Gemeindepolizei (*vigili urbani* bzw. *polizia municipale*).

■ AUTO

Höchstgeschwindigkeit in Ortschaften 50, auf Landstraßen 90, auf Schnellstraßen 110, auf Autobahnen 130 km/h, die Promillegrenze liegt bei 0,5. Auf allen Straßen außerorts muss auch tagsüber das Abblendlicht eingeschaltet sein. In jedem Auto muss für jeden Insassen eine Warnweste mitgeführt werden, und zwar im Fahrgastraum. Tankstellen haben mittags und sonntags geschlossen.

❯ WAS KOSTET WIE VIEL?

❯ **KAFFEE**	**1 EURO** für einen Espresso im Stehen
❯ **IMBISS**	**1,50–3 EURO** für ein *panino* mit Käse
❯ **WEIN**	**1,50–2,50 EURO** für eine Karaffe (0,25 l)
❯ **EINTRITT**	**0–6 EURO** für Museen, Nuraghen und archäologische Stätten
❯ **BENZIN**	**1,35 EURO** für 1 l Super bleifrei
❯ **BUS**	**UM 6 EURO** für 100 km Überlandfahrt

■ BUSSE

Das Busnetz ist dicht, die Anschlüsse untereinander und auch zur Bahn sind meist aufeinander abgestimmt. In den größeren Städten gibt es den Busbahnhof *(autostazione)*, in den Dörfern fährt der Bus meist vom Hauptplatz ab.

DIPLOMATISCHE VERTRETUNGEN

DEUTSCHES KONSULAT
Via Garzia Raffa 9 | Cagliari | Tel./ Fax 070 30 72 29
ÖSTERREICHISCHES KONSULAT
Viale Liegi 32 | Rom | Tel. 068 55 28 80 | Fax 06 85 35 29 91
SCHWEIZER KONSULAT
Via Barnaba Oriani 61 | Rom | Tel. 06 80 95 71 | Fax 068 08 08 71

GELD & KREDITKARTEN

Bargeld ziehen Sie mit der ec- oder Kreditkarte aus dem Geldautomaten *(bancomat),* den es auch in kleinen Orten gibt. Viele Hotels, Restaurants, Tankstellen und Geschäfte akzeptieren Kreditkarten.

GESUNDHEIT

Größere Ferienorte haben zwischen Juni und September die *Guardia Medica Turistica,* eine Ambulanz für Feriengäste. Sonst fragen Sie im Hotel nach dem Arzt *(medico),* Zahnarzt *(dentista),* Krankenhaus *(ospedale)* oder nach der Apotheke *(farmacia).*

INTERNET

Die Internetseiten der Tourismuspromotion der Region Sardinien *(www. sardegnaturismo.it)* sind neu gestaltet, sehr informativ, aktuell und gut verlinkt. Viele Inhalte sind auch auf Deutsch verfügbar.

Kunst, Archäologie, Literatur, Film und Musik, Aktuelles zu Kultur, Festen und Festivals auf *www.sardegnacultura.it,* zu fast allen Gemeinden Sardiniens führen Links auf *www. comunas.it.*

www.sardinien.com ist ein umfassender virtueller Reiseführer, der bis in die hintersten Ecken der Insel und auf die Nachbarinseln führt. Aber aufgepasst, nicht alle Telefonnummern und Öffnungszeiten sind aktuell.

WETTER IN CAGLIARI

	Jan.	Feb.	März	April	Mai	Juni	Juli	Aug.	Sept.	Okt.	Nov.	Dez.
Tagestemperaturen in ºC	14	15	17	20	23	28	31	31	28	24	19	15
Nachttemperaturen in ºC	7	7	8	10	14	18	20	20	19	15	12	8
Sonnenschein Std./Tag	5	5	6	8	9	10	11	10	8	7	5	4
Niederschlag Tage/Monat	7	7	6	5	5	2	1	1	3	6	7	8
Wassertemperaturen in ºC	14	13	14	15	17	20	23	24	23	21	18	15

PRAKTISCHE HINWEISE

Längs der Ostküste gibt es reichlich Infos zu Wandern, Baden und Archäologie auf *www.klaus-schwenk.de/sardinien/index.html*. *www.ivanweb.net/sardegna.htm* ist ein großes Fotoarchiv zu Wandern und Natur in Sardinien. Das Wetter: *www.tempoitalia.it*. Rund ein Dutzend Webcams auf Sardinien finden Sie unter *www.meteowebcam.it*.

INTERNETCAFÉS

Web cafés sind auf dem Land mehr verbreitet als in den Städten, wo Computer mit Netzzugang in Clubs, an Schulen und Unis stehen.

MIETWAGEN

Neben den großen Autoverleihern gibt es sardische Firmen, die oft deutlich billiger und deren Fahrzeuge gleichwertig sind. Im Hochsommer sollten Sie frühzeitig reservieren! Preisbeispiel: Fiat Punto ab 270 Euro für eine Woche.

NOTRUF

112 und 113 Carabinieri und Polizei; Pannenhilfe *80 31 16* (Festnetz) und *800 11 68 00* (Mobilnetz); *115* Feuerwehr; *118* Krankenwagen/Bergwacht; *15 15* Waldbrand; *15 30* Seenotrettung

ÖFFNUNGSZEITEN

Läden sind werktags meist von 8.30 bis 13 und von 17 bis 20 Uhr geöffnet, Märkte nur vormittags. In der Saison haben in Ferienorten fast alle Geschäfte bis in die Nacht auf.

POST

Briefmarken bekommen Sie auch im Tabakladen. Porto für Briefe und Postkarten ins europäische Ausland 65 Cent.

TELEFON & HANDY

Vorwahlen: *Deutschland 0049 | Österreich 0043 | Schweiz 0041 | Italien 0039*. Bei Anrufen in Italien muss die Null am Beginn von Festnetznummern immer mitgewählt werden. Für Vieltelefonierer lohnt eine italienische Prepaid-SIM-Karte, die man ab 5 Euro in fast jedem Telefonladen be-

Die Vespa, Italiens Kultmotorroller, ist auch auf Sardinien allgegenwärtig

kommt. Hohe Kosten verursacht die Mailbox: noch im Heimatland abschalten!

WLAN

Bislang in Hotels so gut wie nicht verbreitet, in wenigen Businesshotels in den Städten gibt es WLAN oder Internetanschluss im Zimmer.

ZOLL

Frei ein- und ausgeführt werden dürfen innerhalb der EU u.a. 800 Zigaretten, 90 l Wein, 10 l Spirituosen.

> PARLI ITALIANO?

„Sprichst du Italienisch?" Dieser Sprachführer hilft Ihnen, die wichtigsten Wörter und Sätze auf Italienisch zu sagen

Aussprache

Zur Erleichterung der Aussprache:

c, cc	vor „e, i" wie deutsches „tsch" in deutsch, Bsp.: die**ci**, sonst wie „k"
ch, cch	wie deutsches „k", Bsp.: pa**cch**i, **ch**e
ci, ce	wie deutsches „tsch", Bsp.: **ci**ao, **ci**occolata
g, gg	vor „e, i" wie deutsches „dsch" in Dschungel, Bsp.: **g**ente
gl	ungefähr wie in „Familie", Bsp.: fi**gl**io
gn	wie in „Kognak", Bsp.: ba**gn**o
sc	vor „e, i" wie deutsches „sch", Bsp.: u**sc**ita
sch	wie in „Skala", Bsp.: I**sch**ia
sci	vor „a, o, u" wie deutsches „sch", Bsp.: la**sci**are
z	immer stimmhaft wie „ds"

Ein Akzent steht im Italienischen nur, wenn die letzte Silbe betont wird. In den übrigen Fällen haben wir die Betonung durch einen Punkt unter dem betonten Vokal angegeben.

◼ AUF EINEN BLICK ◼

Ja./Nein.	Sì./No.
Vielleicht.	Forse.
Bitte./Danke.	Per favore./Grazie.
Gern geschehen.	Non c'è di che!
Entschuldigen Sie!	Scusi!
Wie bitte?	Prego? Come, scusi?
Ich verstehe Sie/dich nicht.	Non La/ti capisco.
Ich spreche nur wenig …	Parlo solo un po´di …
Können Sie mir bitte helfen?	Mi può aiutare, per favore?
Ich möchte …	Vorrei …
Haben Sie …?	Ha …?
Wie viel kostet es?	Quanto costa?
Wie viel Uhr ist es?	Che ore sono?/Che ora è?

◼ KENNENLERNEN ◼

Guten Morgen!/Tag!	Buon giorno!
Guten Abend!	Buona sera!
Gute Nacht!	Buona notte!
Hallo!/Grüß dich!	Ciao!
Wie geht es Ihnen/dir?	Come sta?/Come stai?

> *www.marcopolo.de/sardinien*

SPRACHFÜHRER ITALIENISCH

Danke. Und Ihnen/dir?	Bẹne, grạzie. E Lei/tu?
Ich heiße…	Mi chiạmo…
Auf Wiedersehen!	Arrivedẹrci!
Tschüss!	Ciạo!
Bis bald!	A prẹsto!
Bis morgen!	A domạni!

UNTERWEGS

AUSKUNFT

links	a sinịstra
rechts	a dẹstra
geradeaus	dirịtto
nah	vicịno
weit	lontạno
Wie weit ist das?	Quạnti chilọmetri sọno?
Ich möchte … mieten.	Vorrẹi noleggiạre …
… ein Auto …	… ụna mạcchina.
… ein Fahrrad …	… ụna biciclẹtta.
Bitte, wo ist …	Scụsi, dov'è …
… der Bahnhof?	… la staziọne?
… die Haltestelle?	… la fermạta?
Eingang/Einstieg	salịta/entrạta
Ausgang/Ausstieg	discẹsa/uscịta

PANNE

Ich habe eine Panne.	Ho un guạsto.
Würden Sie mir einen Abschleppwagen schicken?	Mi potrẹbbe mandạre un cạrro-attrẹzzi?
Gibt es in der Nähe eine Werkstatt?	Scụsi, c'è un'officịna qui vicịno?

TANKSTELLE

Wo ist bitte die nächste Tankstelle?	Dov'è la prọssima staziọne di servịzio, per favọre?
Ich möchte … Liter …	Vorrẹi … lịtri di …
… Normalbenzin.	… benzịna normạle.
… Super./… Diesel.	… sụper./… gasọlio.
Voll tanken, bitte.	Il piẹno, per favọre.

UNFALL

Hilfe!	Aiụto!

Achtung!/Vorsicht!
Rufen Sie bitte schnell …
    … einen Krankenwagen.
    … die Polizei.
Haben Sie Verbandszeug?
Es war meine Schuld.
Es war Ihre Schuld.
Geben Sie mir bitte Ihren
Namen und Ihre Anschrift!

Attenzione!
Chiami subito …
    … un'autoambulanza.
    … la polizia.
Ha materiale di pronto soccorso?
È stata colpa mia.
È stata colpa Sua.
Mi dia il Suo
nome e indirizzo, per favore!

ESSEN & TRINKEN/UNTERHALTUNG

Wo gibt es hier …
    … ein gutes Restaurant?
    … ein typisches Restaurant?
Gibt es in der Nähe eine Eisdiele?
Reservieren Sie uns bitte
für heute Abend einen
Tisch für vier Personen.
Auf Ihr Wohl!
Bezahlen, bitte.
Hat es geschmeckt?
Das Essen war ausgezeichnet.

Scusi, mi potrebbe indicare …
    … un buon ristorante?
    … un locale tipico?
C'è una gelateria qui vicino?
Può riservarci per stasera un
tavolo per quattro persone?

(Alla Sua) salute!
Il conto, per favore.
Andava bene?
(Il mangiare) era eccellente.

EINKAUFEN

Wo finde ich …
    … eine Apotheke?
    … eine Bäckerei?
    … ein Fotogeschäft?

    … ein Lebensmittelgeschäft?

    … den Markt?
    … einen Supermarkt?
    … einen Tabakladen?
    … einen Zeitungshändler?

Dove posso trovare …
    … una farmacia?
    … un panificio?
    … un negozio di articoli
fotografici?
    … un negozio di generi
alimentari?
    … il mercato?
    … un supermercato?
    … un tabaccaio?
    … un giornalaio?

ÜBERNACHTEN

Können Sie mir bitte …
empfehlen?
    … ein Hotel …
    … eine Pension …
Ich habe bei Ihnen ein
Zimmer reserviert.
Haben Sie noch …

Scusi, potrebbe
consigliarmi …
    … un albergo?
    … una pensione?
Ho prenotato
una camera.
È libera …

… ein Einzelzimmer?   … una singola?
… ein Zweibettzimmer?   … una doppia?
… mit Dusche/Bad?   … con doccia/bagno?
… für eine Nacht?   … per una notte?
… für eine Woche?   … per una settimana?
Was kostet das Zimmer …   Quanto costa la camera …
… mit Frühstück?   … con la prima colazione?
… mit Halbpension?   … a mezza pensione?

PRAKTISCHE INFORMATIONEN

ARZT

Können Sie mir einen   Mi può consigliare un
guten Arzt empfehlen?   buon medico?
Ich habe Durchfall.   Ho la diarrea.
Ich habe …   Ho …
… Fieber.   … la febbre.
… Kopfschmerzen.   … mal di testa.
… Zahnschmerzen.   … mal di denti.

Post

Was kostet …   Quanto costa …
… ein Brief …   … una lettera …
… eine Postkarte …   … una cartolina …
… nach Deutschland?   … per la Germania?

ZAHLEN

0	zero	19	diciannove
1	uno	20	venti
2	due	21	ventuno
3	tre	30	trenta
4	quattro	40	quaranta
5	cinque	50	cinquanta
6	sei	60	sessanta
7	sette	70	settanta
8	otto	80	ottanta
9	nove	90	novanta
10	dieci	100	cento
11	undici	101	centouno
12	dodici	200	duecento
13	tredici	1000	mille
14	quattordici	2000	duemila
15	quindici	10000	diecimila
16	sedici		
17	diciassette	1/2	un mezzo
18	diciotto	1/4	un quarto

REISEATLAS
SARDINIEN

A B C

1

2

Corse
FRA...

Marseille · Toulon · Génova · Propiano

*Parco Naz.
dell'Asinara*
Isola Asinara   La'Reale   Cala d'Oliva
Tumbarino   **Punta
Trabuccato**
Fornelli
Capo del Falcone   *Isola Piana*
Sfintino
Tonnara Saline

G o l f o

d e l l' A s i n a r a

Portobe...

Isola Rossa   C.Rar...
Valledoria
13

3

**Porto
Tórres**   Platamona
Lido   14
E25   **24**
16   **131**
35   Bancali   16
5
Palmadula
Capo
dell'Argentiera   Argentiera
Tottubella   291   16
36
Olmedo   127bis
*Nec di
S. Pedru*   Uri
Ittiri   15
*Necropoli
Anghelu
Ruju*   s   a   s   s   Siligo
Putifigari   131bis
*Lago
Bidighinzu*
18

Castelsardo
lu Bagnu   9   **S. Pietro**
l'Elefante   Sedini   **Simbra...**
Tergu   8   *N. S.
de Tergu*   Perfu...
10%
Laerru
Martis   Chiaramonti
672   132
Sant'A...
di Bisa...
Ossi   Ploaghe   59   13
*S.S. Trinità
di Saccargia*
Florinas   Carlo Felice   Ardara
r   u   i
a   t   o   g   u
Bonnanaro   131   Mores
Torralba   *Nuraghe Santu Anti...*
Thiesi   *S. Pietro di Sorres*
Valle dei Nuraghi
Sennori   6
Sassari · **SÁSSARI**
Sorso   6
Osilo   Nulvi
Usini   Tissi
Florinas

Sassari

4

Riviera
Tramariglio   127bis
*Grotta
di Nettuno*   Fertilia   5
Torre
Nuova   1
Alghero   25
292
Villanova
Monteleone   *l. el. Temo*
13

Capo
Caccia
del Corallo

5

Capo Marárgiu

Monteleone
Rocca Doria   14
45
22
Padria   Mara   292d.   10%
Montresta   16   Pozzomaggiore   Bonorva   *Foresta
di Burgos*
10%   292   *Necropoli di
San Andria Priu*
1200
84   **Punta Pala...**
Sindia   *Santa
Barbara*
Bortigali   Silan...
Suni   129bis

6

S a r d e g n a

10 km

120

118

Bosa
Bosa Marina
Porto Alabe
Tresnuràghes
Sennariolo
Scano di
Montiferro
Cuglieri
133   *Castello
di M. Ferru*
Monte Ferru
Santu Lussurgiu
Caterina
nuri

San Leonardo
de Siete Fuéntes
10%   Bonarcado
E25   Paulilatino
10%

Macomer   Biri
Birori   20
Borore
*Craba
Pozzo
Maiore*   Dualchi
Sedilo
131   Abbasanta
Losa   Ghilarza
Bonarcado

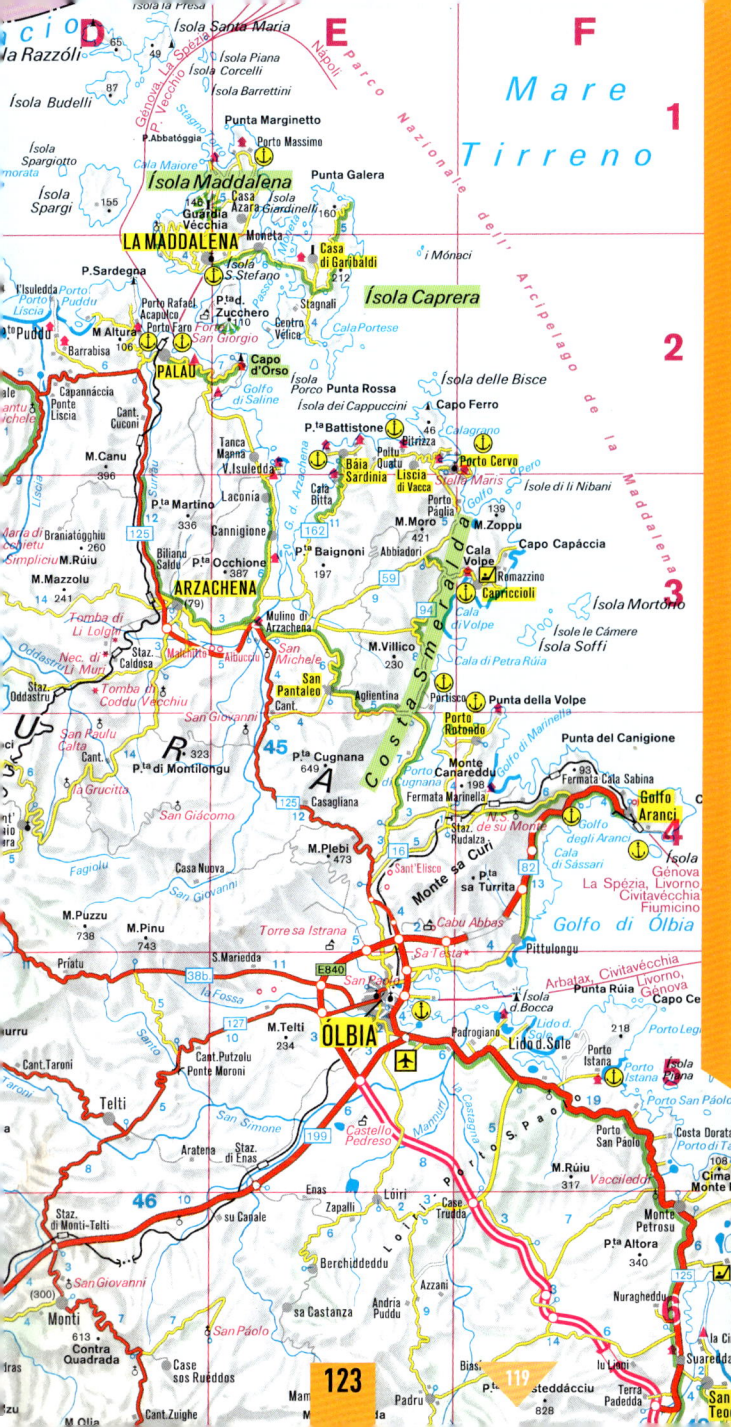

KARTENLEGENDE

	Autobahn mit Anschlussstellen Motorway with junctions
	Autobahn in Bau Motorway under construction
	Mautstelle Toll station
	Raststätte mit Übernachtung Roadside restaurant and hotel
	Raststätte Roadside restaurant
	Tankstelle Filling-station
	Autobahnähnliche Schnell- straße mit Anschlussstellen Dual carriage-way with motorway characteristics with junction
	Fernverkehrsstraße Trunk road
	Durchgangsstraße Thoroughfare
	Wichtige Hauptstraße Important main road
	Hauptstraße Main road
	Nebenstraße Secondary road
	Fernverkehrsbahn Main line railway
	Autozug-Terminal Car-loading terminal
	Bergbahn Mountain railway
	Kabinenschwebebahn Aerial cableway
	Sessellift Chair-lift
	Eisenbahnfähre Railway ferry
	Autofähre Car ferry
	Schifffahrtslinie Shipping route
	Landschaftlich besonders schöne Strecke Route with beautiful scenery
Alleenstr.	Touristenstraße Tourist route
XI–V	Wintersperre Closure in winter
	Straße für Kfz gesperrt Road closed to motor traffic
8%	Bedeutende Steigungen Important gradients
	Für Wohnwagen nicht empfehlenswert Not recommended for caravans
	Für Wohnwagen gesperrt Closed for caravans

Kósciol farny	Sehenswürdigkeit Object of interest
	Badestrand Bathing beach
	Besonders schöner Ausblick Important panoramic view
	Ausflüge & Touren Excursions & tours
	Nationalpark, Naturpark National park, nature park
	Sperrgebiet Prohibited area
	Kirche Church
	Kloster Monastery
	Schloss, Burg Palace, castle
	Ruinen Ruins
	Leuchtturm Lighthouse
	Turm Tower
	Höhle Cave
	Ausgrabungsstätte Archaeological excavation
	Feriendorf Tourist colony
	Motel Motel
	Jugendherberge Youth hostel
	Allein stehendes Hotel Isolated hotel
	Berghütte Refuge
	Campingplatz (ganzjährig) Camping site (all-the-year)
	Campingplatz (saisonal) Camping site (seasonal)
	Flughafen Airport
	Flugplatz Airfield
	Staatsgrenze National boundary
	Verwaltungsgrenze Administrative boundary
	Grenzkontrollstelle Check-point
	Grenzkontrollstelle mit Beschränkung Check-point with restrictions
ROMA	Hauptstadt Capital
MARSEILLE	Verwaltungssitz Seat of the administration

REGISTER

Im Register sind alle in diesem Reiseführer erwähnten Orte und Ausflugsziele verzeichnet. Halbfette Seitenzahlen verweisen auf den Haupteintrag, kursive auf ein Foto.

IMPRESSUM

> SCHREIBEN SIE UNS!

Liebe Leserin, lieber Leser,

wir setzen alles daran, Ihnen möglichst aktuelle Informationen mit auf die Reise zu geben. Dennoch schleichen sich manchmal Fehler ein – trotz gründlicher Recherche unserer Autoren/innen. Sie haben sicherlich Verständnis, dass der Verlag dafür keine Haftung übernehmen kann.

Wir freuen uns aber, wenn Sie uns schreiben.

Senden Sie Ihre Post an die MARCO POLO Redaktion, MAIRDUMONT, Postfach 31 51, 73751 Ostfildern, info@marcopolo.de

IMPRESSUM

Titelbild: Costa del Sur, Bucht Maifatano (Laif: Amme)
Fotos: H. Bausenhardt (131); HB Verlag: Hauser (16/17, 56/57); H. Hoffmann (12 o.); S. Hoffmann (12 u., 14 M., 15 o., 98 M.r., 98 u. r., 99 u. r.); Huber: Huber (49), Leplat (26, 27, 62), Olimpio (89); ©iStockphoto.com: FreezingRain (13 o.), ivanmateev (99 M.l.), jethic (99 M.r.), naphtalina (14 u.), Pix-Hook (13 u.), ShyMan (98 o. l.), sculpies (98 M.l.), TuriTuri (99 o. l.), vladm (15 u.); M. Kirchgessner (107); Laif: Amme (1, 6/7, 30/31, 42/43), Celentano (82/83, 100/101), Hauser (11 o., 23, 24/25, 28, 28/29, 29, 61, 65, 69, 70/71), Specht (20); Look: Pompe (34, 74/75); Mauritius: age (22/23), Ricatto (11 u.), Torino (78); Polo Golf Club: Rossetti (14 o.); Silvestris: Stadler (2 l., 76); O. Stadler (9, 52, 73); T. Stankiewicz (3 r., 5, 41, 58, 92/93, 104/105, 116/117); Transglobe: Stadler (18); T. Widmann (U.l., U.M., U.r., 2 r., 3 l., 3 M., 4 l., 4 r., 19, 22, 32, 36, 37, 38, 44, 46, 51, 54, 63, 66, 81, 84, 85, 86, 91, 95, 96, 97, 102, 103, 111); E. Wrba (106)

12., aktualisierte Auflage 2008
© MAIRDUMONT GmbH & Co. KG, Ostfildern
Verlegerin: Stephanie Mair-Huydts; Chefredaktion: Michaela Lienemann, Marion Zorn
Autor: Hans Bausenhardt; Redaktion: Susanne Rieger
Programmbetreuung: Leonie Dlugosch, Nadia Al Kureischi; Bildredaktion: Barbara Schmid, Gabriele Forst
Szene/24h: wunder media, München
Kartografie Reiseatlas: © MAIRDUMONT, Ostfildern
Innengestaltung: Zum goldenen Hirschen, Hamburg; Titel/S. 1–3: Factor Product, München
Sprachführer: in Zusammenarbeit mit Ernst Klett Sprachen GmbH, Stuttgart, Redaktion PONS Wörterbücher

FÜR IHRE NÄCHSTE REISE

gibt es folgende MARCO POLO Titel:

DEUTSCHLAND
Allgäu
Amrum/Föhr
Bayerischer Wald
Berlin
Bodensee
Chiemgau/Berchtes-
    gadener Land
Dresden/Sächsische
    Schweiz
Düsseldorf
Eifel
Erzgebirge/Vogtland
Franken
Frankfurt
Hamburg
Harz
Heidelberg
Köln
Lausitz/Spreewald/
    Zittauer Gebirge
Leipzig
Lüneburger Heide/
    Wendland
Mark Brandenburg
Mecklenburgische
    Seenplatte
Mosel
München
Nordseeküste
    Schleswig-
    Holstein
Oberbayern
Ostfriesische Inseln
Ostfriesland/
    Nordseeküste/
    Niedersachsen/
    Helgoland
Ostseeküste
    Mecklenburg-
    Vorpommern
Ostseeküste
    Schleswig-
    Holstein
Pfalz
Potsdam
Rheingau/
    Wiesbaden
Rügen/Hiddensee/
    Stralsund
Ruhrgebiet
Schwäbische Alb
Schwarzwald
Stuttgart
Sylt
Thüringen
Usedom
Weimar

ÖSTERREICH | SCHWEIZ
Berner Oberland/
    Bern
Kärnten
Österreich
Salzburger Land

Schweiz
Tessin
Tirol
Wien
Zürich

FRANKREICH
Bretagne
Burgund
Côte d'Azur/
    Monaco
Elsass
Frankreich
Französische
    Atlantikküste
Korsika
Languedoc
    Roussillon
Loire-Tal
Normandie
Paris
Provence

ITALIEN | MALTA
Apulien
Capri
Dolomiten
Elba/Toskanischer
    Archipel
Emilia-Romagna
Florenz
Gardasee
Golf von Neapel
Ischia
Italien
Italienische Adria
Italien Nord
Italien Süd
Kalabrien
Ligurien/
    Cinque Terre
Mailand/Lombardei
Malta/Gozo
Oberital. Seen
Piemont/Turin
Rom
Sardinien
Sizilien/
    Liparische Inseln
Südtirol
Toskana
Umbrien
Venedig
Venetien/Friaul

SPANIEN | PORTUGAL
Algarve
Andalusien
Barcelona
Baskenland/Bilbao
Costa Blanca
Costa Brava
Costa del Sol/
    Granada
Fuerteventura

Gran Canaria
Ibiza/Formentera
Jakobsweg/Spanien
La Gomera/El Hierro
Lanzarote
La Palma
Lissabon
Madeira
Madrid
Mallorca
Menorca
Portugal
Spanien
Teneriffa

NORDEUROPA
Bornholm
Dänemark
Finnland
Island
Kopenhagen
Norwegen
Schweden
Südschweden/
    Stockholm

WESTEUROPA | BENELUX
Amsterdam
Brüssel
Dublin
England
Flandern
Irland
Kanalinseln
London
Luxemburg
Niederlande
Niederländische
    Küste
Schottland
Südengland

OSTEUROPA
Baltikum
Budapest
Estland
Kaliningrader Gebiet
Lettland
Litauen/Kurische
    Nehrung
Masurische Seen
Moskau
Plattensee
Polen
Polnische Ostsee-
    küste/Danzig
Prag
Riesengebirge
Rumänien
Russland
Slowakei
St. Petersburg
Tschechien
Ungarn
Warschau

SÜDOSTEUROPA
Bulgarien
Bulgarische
    Schwarz-
    meerküste
Kroatische Küste/
    Dalmatien
Kroatische Küste/
    Istrien/Kvarner
Montenegro
Slowenien

GRIECHENLAND | TÜRKEI
Athen
Chalkidiki
Griechenland
    Festland
Griechische
    Inseln/Ägäis
Istanbul
Korfu
Kos
Kreta
Peloponnes
Rhodos
Samos
Santorin
Türkei
Türkische Südküste
Türkische Westküste
Zakinthos
Zypern

NORDAMERIKA
Alaska
Chicago und
    die Großen Seen
Florida
Hawaii
Kalifornien
Kanada
Kanada Ost
Kanada West
Las Vegas
Los Angeles
New York
San Francisco
USA
USA Neuengland/
    Long Island
USA Ost
USA Südstaaten/
    New Orleans
USA Südwest
USA West
Washington D.C.

MITTEL- UND SÜDAMERIKA
Argentinien
Brasilien
Chile
Costa Rica
Dominikanische
    Republik

Jamaika
Karibik/
    Große Antillen
Karibik/
    Kleine Antillen
Kuba
Mexiko
Peru/Bolivien
Venezuela
Yucatán

AFRIKA | VORDERER ORIENT
Ägypten
Djerba/
    Südtunesien
Dubai/Vereinigte
    Arabische Emirate
Israel
Jerusalem
Jordanien
Kapstadt/
    Wine Lands/
    Garden Route
Kenia
Marokko
Namibia
Qatar/Bahrain/
    Kuwait
Rotes Meer/Sinai
Südafrika
Tunesien

ASIEN
Bali/Lombok
Bangkok
China
Hongkong/
    Macau
Indien
Japan
Ko Samui/
    Ko Phangan
Malaysia
Nepal
Peking
Philippinen
Phuket
Rajasthan
Shanghai
Singapur
Sri Lanka
Thailand
Tokio
Vietnam

INDISCHER OZEAN | PAZIFIK
Australien
Malediven
Mauritius
Neuseeland
Seychellen
Südsee

MARCO POLO Autor Hans Bausenhardt im Interview

Hans Bausenhardt hat als Reiseautor und Wanderführer die Insel bis in den letzten Winkel erkundet.

Wie sind Sie auf Sardinien gekommen?

Meine erste Reise nach Sardinien liegt lange zurück. Es war der klassische Familienurlaub, aber Bosa, Strand und Meer reichten mir schon nach wenigen Tagen nicht aus. So ging es mit der Schmalspurbahn und mit dem Bus auf Entdeckungsreise – und bei Fahrplanlücken auch kilometerweit zu Fuß. Dabei bekam ich einen ersten Vorgeschmack vom unbekannten, versteckten Sardinien und immer mehr Lust auf neue Orte und Plätze. Dabei lasse ich mich auch heute noch am liebsten von meiner Neugier inspirieren.

Was tun Sie in Ihrer Freizeit?

Den Tag beginne ich so oft wie möglich mit einem Bad im Meer. Manchmal schaue ich bei den Fischern vorbei und stelle mich anschließend an den Herd. Oder ich fahre los, suche nach neuen Touren und Orten. Die Wege zu Nuraghen, Feengrotten, Menhiren und verlassenen Bergwerken sind meist schmale Pfade, auf denen Feldsteinmauern, Hecken und Zäune nach Durchlässen abgesucht werden müssen. Hinterher ist die Rast an einer Quelle und im Schatten großer Bäume verdiente Belohnung. Feste an einsamen Madonnenkirchen, wo nach der Prozession Lämmer und Schweinchen gebrutzelt werden, Musik vom Rekorder oder der Ziehharmonika die Tänzer stundenlang bis spät in die Nacht begleitet, gibt es zu jeder Jahreszeit.

Mögen Sie die sardische Küche?

Die einfache Küche der Hirten und Bauern ist immer ein Erlebnis, auch wenn es nicht jedes Mal ein *porcheddu* vom Spieß oder Lamm vom Rost gibt. Oft sind die einfachen Genüsse die bleibende Erinnerung wie der Käse vom Hirten, eingelegte Oliven, frisch aufgeschnittene Tomaten mit etwas Öl und Kräutern, Brot und natürlich die Karaffe Wein – das alles im Schatten von Bäumen oder unter einer Pergola, zum Abschluss eine Scheibe kühle Wassermelone. Fisch und Meeresfrüchte sind immer ein Fest, auch und gerade, wenn die teuren Zutaten wie Edelfisch, Langusten und Scampi fehlen. Frisch gebratene Sardellen, ein großer Teller mit schwarzen Miesmuscheln, Sepien tiefschwarz in der eigenen Tinte geschmort und viel Brot zum Auftunken sind ein Festtagsmahl.

Und was gefällt Ihnen nicht?

Der sehr lockere Umgang vieler Sarden mit dem Müll, die vielen Waldbrände und die wuchernden Neubauten an Stränden, obwohl es schon seit Jahrzehnten ein Gesetz gibt, das Bauen in der Landschaft im Abstand von bis zu 400 m von der Küste verbietet.

> BLOSS NICHT!

Überall Nepp und Betrügerei befürchten

Die beim Besuch von Mittelmeerländern üblichen und oft ziemlich übertriebenen Ängste vor Dieben, Räubern, Betrügern und Machos können zu Hause bleiben. Die Sarden sind fast immer herzlich und hilfsbereit, sofern ihnen Respekt entgegengebracht wird. Nepp und Betrügereien sind selten, denn sie widersprechen dem sardischen Ehrenkodex. Besonders in den Dörfern und Kleinstädten leben die Menschen noch immer sehr stark in ihrem traditionellen Wertesystem, wo persönliche Ehre, Familie, Sippe und Freundschaft unantastbar sind. Touristenfallen gibt es am ehesten dort, wo die potenziellen Opfer besonders zahlreich auftreten.

Gepäck im Auto

Am Strand oder in den wenigen größeren Städten gelten jedoch andere Gesetze als in der Welt der sardischen Dörfer oder in der Weite des Hirtenlandes. Sarden, die sonst ihr Auto nicht einmal abschließen, räumen dort alles aus, was auch nur annähernd für wertvoll gehalten werden könnte. Fensterglassplitter an solchen Orten, etwa auf Strandparkplätzen, sind ein deutliches Indiz. Folgen Sie also dem Vorbild der Einheimischen und lassen Sie keine Wertsachen im Wagen. Kleinkriminalität, Drogenszene und organisierte Banden, zum Teil „Gastarbeiter" vom Kontinent, sind im Sommer aktiver als außerhalb der Saison.

Organisierte Busausflüge

Wie fast überall auf der Welt bekommen Sie bei organisierten Bustouren häufig nur sehr oberflächliche Informationen – und meist in Verbindung mit vielen Nebengeschäften, an denen nur der Reiseleiter und der Veranstalter verdienen. Billig sind diese Touren keinesfalls. Sehr viel weniger zahlen Sie in Bus und Eisenbahn, und da erleben Sie wesentlich mehr. Einzige Anstrengung ist das Studium der Fahrpläne.

Mit dem Feuer spielen

Jedes Jahr zerstören mit Absicht oder durch Unachtsamkeit gelegte Feuer riesige Flächen Wald und Macchia. Meist bleiben nur kahle Steinwüsten zurück. Glimmende Zigarettenstummel, Funkenflug von Picknickfeuern, der heiße Katalysator und Auspuff des Autos über trockenem Gras, Laub oder Nadeln können verheerende Folgen haben.

Einfach drauflosfahren

Klappt gut, wenn Sie außerhalb der Hauptreisezeit (Juli bis Mitte September) kreuz und quer auf der Insel unterwegs sind. Vor Mitte April und ab Ende Oktober haben jedoch die meisten Hotels an der Küste Winterruhe! Buchen Sie zu Hause, egal ob Strandhotel oder Ferienwohnung, ob Flug, Schiff oder den Mietwagen: Sie sparen viel Geld, besonders in der Vor- und Nachsaison.